$10⁰⁰

FL

415

Le facteur d'attraction

5 étapes faciles pour attirer la richesse ou combler tous vos désirs

Catalogage avant publication de Bibliothèque et Archives Canada

Vitale, Joseph G.

Le facteur d'attraction: 5 étapes faciles pour attirer la richesse ou combler tous vos désirs

(Collection Motivation et épanouissement personnel)

Traduction de: The attractor factor.

Comprend des réf. bibliogr.

ISBN 2-89225-622-4

1. Succès. 2. Richesse. I. Titre. II. Collection.

BJ1611.2.V5714 2006   158.1   C2006-941086-0

Adresse municipale:
Les éditions Un monde différent
3905, rue Isabelle, bureau 101
Brossard (Québec), Canada
J4Y 2R2
Tél.: 450 656-2660
Téléc.: 450 445-9098
Site Internet: http://www.unmondedifferent.com
Courriel: info@umd.ca

Adresse postale:
Les éditions Un monde différent
C.P. 51546
Succ. Galeries Taschereau
Greenfield Park (Québec)
J4V 3N8

Cet ouvrage a été publié en langue anglaise sous le titre original:
THE ATTRACTOR FACTOR: 5 EASY STEPS FOR CREATING WEALTH
(OR ANYTHING ELSE) FROM THE INSIDE OUT
Published by John Wiley & sons, Inc., Hoboken, New Jersey.
111 River Street, Hoboken, NJ 07030 (201) 748-6011
www.wiley.com
Copyright © 2005 by Joe Vitale
All rights reserved

©, Les éditions Un monde différent ltée, 2006
Pour l'édition en langue française
Dépôts légaux: 3e trimestre 2006
Bibliothèque nationale du Québec
Bibliothèque nationale du Canada
Bibliothèque nationale de France

Conception graphique de la couverture:
OLIVIER LASSER

Version française:
JOCELYNE ROY

Photocomposition et mise en pages:
ANDRÉA JOSEPH [PageXpress]

Typographie: Minion 13 sur 16 pts

ISBN-10: 2-89225-622-4
ISBN-13: 978-2-89225-622-2
EAN: 978292256222

(Édition originale: ISBN 0-471-70604-3 [cloth], John Wiley & Sons, Inc., Hoboken, New Jersey)

Nous reconnaissons l'aide financière du gouvernement du Canada par l'entremise du Programme d'aide au développement de l'industrie de l'édition pour nos activités d'édition (PADIÉ).

Gouvernement du Québec – Programme de crédit d'impôt pour l'édition de livres – Gestion SODEC.

Imprimé au Canada

Joe Vitale

Le facteur d'attraction

5 étapes faciles pour attirer la richesse ou combler tous vos désirs

UN MONDE ✪ DIFFÉRENT

*Pour Bonnie et Marian
qui nous ont quittés
pendant que je terminais ce livre.
Je vous aime.*

« L'esprit prend forme conformément à nos demandes et se doit d'avoir un modèle à partir duquel fonctionner. Une préparation de pâte peut aussi bien être transformée en pain qu'en biscuits. Il en va de même avec les demandes que nous adressons à notre esprit. »

— FRANCES LARIMER WARNER
Our Invisible Supply : Part One, 1907

Table des matières

Remerciements

Toute ma gratitude à mes amis Jerry et Esther Hicks pour m'avoir fait part de leurs idées relativement au processus qui permet de créer tout ce que l'on veut. Et bien entendu, je tiens à exprimer ma reconnaissance à Jonathan Jacobs pour son travail en tant que guérisseur, accompagnateur en matière de miracles, et ami. Je veux également remercier sincèrement Bill Ferguson pour sa magie. Linda Credeur a été la première à croire en mon projet, peut-être même avant moi. Je remercie cordialement aussi Bob Proctor pour son soutien et sa foi en mon livre et en moi.

Quelques amis très spéciaux ont lu les versions préliminaires de cet ouvrage et m'on donné une précieuse rétroaction. Ils méritent une bonne main d'applaudissements : Jonathan Morningstar, Jennifer Wier, Blair Warren, David Deutsch, Bryan Miller, Nerissa Oden, Rick et Mary Barrett, et Marian Vitale. Jenny Meadows m'a aidé à réaliser le premier travail de révision. Matt Holt, de la maison d'édition Wiley, a communiqué avec moi et m'a convaincu de réaliser cet ouvrage pour vous. Mon groupe de réflexion m'a offert soutien et conseils : merci à Bill Hibbler, Pat

O'Bryan, Nerissa Oden, Jillian Coleman, Craig Perrine, Irma Facundo, Bryan Caplovitz et Jay McDonald. Pour terminer, je suis reconnaissant à l'Esprit de la vie qui m'a guidé à chaque instant.

Avant-propos

J'ai évolué dans le domaine du développement personnel pendant la majeure partie de ma vie, et la question que j'entends le plus souvent est celle-ci : « Que dois-je faire pour obtenir ce que je veux ? »

La réponse à cette question est clairement définie et exposée dans ce nouveau livre étonnant, écrit par mon ami Joe Vitale, Ph.D.

Lorsque j'ai lu *Le Facteur d'attraction* pour la première fois, j'ai été frappé par la perspicacité et la clarté de son contenu au sujet du pouvoir créateur qui est caché en nous, et souvent ignoré. Quel est ce pouvoir ? Comment pouvons-nous l'utiliser pour créer la vie que nous désirons ? Et plus important encore, comment le faire de manière à vivre notre vie loin du stress et des difficultés ?

Ces questions ont poussé Joe Vitale à faire des recherches et à écrire ce livre, ce qui lui a permis de dégager une toute nouvelle perspective sur la façon d'exprimer nos désirs les plus chers.

Joe a mis à profit ce pouvoir pour se créer une vie que la majorité des gens pourraient envier. Il a les maisons, les voitures, le succès, l'amour, la santé, tout ce que chacun d'entre nous aimerait posséder. Il fait partie de ces gens qui «joignent le geste à la parole». Il est sans doute le spécialiste du marketing le plus adorable de la planète. Sa vie est le témoignage vivant de ses enseignements !

Tout au long de cet ouvrage, il vous parlera de sa vie et de lui-même, du bon, de la brute et du truand. Il ne cache rien. Il vous racontera comment, après bien des erreurs et des échecs, il a découvert la formule en cinq étapes qui l'a sorti de la pauvreté, du malheur, de la frustration, et parfois du désespoir, pour le faire entrer dans une vie d'abondance, de bonheur, de satisfaction, et de succès inégalé. Vous trouverez ce livre inspirant et inoubliable.

Mais qu'en est-il de vous ? Êtes-vous inquiet et insatisfait dans certains domaines de votre existence ? Êtes-vous prêt à apprendre et à mettre en pratique cinq étapes simples qui changeront à jamais votre vie ?

Joe «Mr Fire !» Vitale endosse une croyance selon laquelle nous pouvons trouver des solutions spirituelles aux problèmes et créer la vie que nous souhaitons grâce à ce «facteur d'attraction». Ce livre vous aidera à comprendre à quel point il est facile d'utiliser cette formule dans votre propre vie et de vivre sans stress, ni contrainte ni lutte. Il vous aidera également à découvrir que vous pouvez exercer plus de contrôle sur votre vie et votre destin que vous ne l'auriez jamais cru possible.

Tout le monde désire découvrir les grands secrets du succès, connaître une satisfaction totale, et trouver la voie de l'entière réalisation de soi. Joe nous enseigne à le faire en nous servant du facteur d'attraction.

Le secret qui vous permettra d'attirer dans votre vie les choses que vous souhaitez vraiment se trouve dans les pages de cet ouvrage. Toutefois, je tiens à vous avertir que vous serez choqué par la simplicité du processus. Cette simplicité pourra vous surprendre, mais ne vous laissez pas duper par celle-ci. Notre esprit adore compliquer les choses, mais vous ne pouvez pas compliquer la vérité. Fondamentalement, la vérité est toujours simple. Il nous suffit d'appliquer ces vérités simples, et notre vie pourra être miraculeusement transformée en un instant.

Vous constaterez, au fil de votre lecture, que vous aurez peut-être à reconsidérer des idées ou des stratégies qui vous sont déjà familières. Encore une fois, ne vous laissez pas duper. Comme l'a dit Oliver Wendell Holmes père : « Nous devons tous apprendre à reconnaître l'évidence. »

Joe réussit à faire renaître en nous ce que nous savions déjà au plus profond de notre être. Ensuite, il nous encourage à mettre ces connaissances en pratique au moyen d'une formule simple en cinq étapes qui est infaillible !

Imaginez ce que serait notre vie si nous connaissions la cause de toutes ces choses que nous y attirons, et si nous savions comment modifier notre point d'attraction magnétique pour attirer uniquement les choses que nous désirons vraiment ?

Une fois que vous connaîtrez le secret du facteur d'attraction, vous ne serez plus assailli par l'inquiétude et le doute. Vous n'aurez plus à vous soucier de ce que l'avenir vous réserve, car vous serez en mesure de créer délibérément l'avenir que vous souhaitez au moyen d'une formule simple en cinq étapes.

Vous avez déjà pris la décision d'investir dans ce livre, c'est-à-dire d'investir en vous. Vous avez le pouvoir de réaliser de grandes choses. C'est l'« extra » qui distingue l'extraordinaire de l'ordinaire. Vous avez déjà démontré que vous êtes disposé à faire un pas de plus en lisant ce livre.

Après avoir intégré le facteur d'attraction et la formule en cinq étapes dans votre vie, vous serez en mesure de vous en servir dans n'importe quelle situation, où que vous soyez, peu importe avec qui vous êtes, et quelles que soient les circonstances.

Et vous serez heureux d'apprendre qu'il est impossible d'échouer! Vous ne ferez pas d'erreurs ni ne prendrez de mauvaises décisions car le facteur d'attraction vous enseigne à suivre le courant de l'univers plutôt qu'à lutter contre lui. Votre point d'attraction magnétique sera toujours dirigé vers ce que vous voulez.

Alors, joignez-vous à moi et permettez à Joe Vitale de vous guider dans ce voyage de découverte de soi qui changera votre vie à jamais.

ROBERT ANTHONY, PH.D.
http://www.totalsuccess4u.com

Vous avez des problèmes financiers ?

« Un petit oiseau qui passait par là
m'a confié l'un de vos souhaits les plus chers.
Ciel non, pas ça !
Il dit que vous me seriez éternellement reconnaissant si,
une fois pour toutes, vous n'aviez plus à vous soucier
de l'argent.
Eh bien, je n'ai pas pu résister.
Souhait accordé !
Plus jamais, vous n'aurez de problèmes financiers.
Autre chose ? »

— L'Univers, www.tut.com

Préface

La véritable confession de l'auteur

Je l'admets.

Je n'avais jamais songé à publier ce livre ou à le rendre accessible à un vaste public.

J'avais peur.

J'ai écrit ce livre pour une personne : ma sœur. Bonnie avait trois enfants, était sans emploi et vivait de l'aide sociale. Cela me faisait mal de la voir souffrir. Je savais que sa vie pourrait être différente si elle connaissait le processus en cinq étapes que j'avais élaboré pour créer tout ce que nous désirons. J'ai écrit ce livre pour elle, et elle seule, en 1997. Aujourd'hui, elle ne dépend plus de l'aide sociale et elle va très bien. Elle a une maison, une voiture, un emploi et une famille aimante. Elle n'est pas encore riche, mais je crois que je lui ai fait découvrir une nouvelle façon d'aborder la vie.

Je n'ai jamais voulu rendre cet ouvrage public, car la perception que les autres auraient de moi me rendait nerveux. J'ai écrit dix-sept livres jusqu'à ce jour, et toujours pour des organismes bien connus et conservateurs tels que l'American Marketing Association et l'American Management Association. J'ai également à mon actif un programme audio, distribué par Nightingale-Conant. Je me disais que si j'avouais au monde mon intérêt pour la spiritualité, les gens me ridiculiseraient, les clients me congédieraient, et les entreprises me rejetteraient. J'ai donc misé sur la sécurité et j'ai gardé ce livre secret.

Mais en juin 1999, une pulsion intérieure m'a incité à offrir une copie non révisée de mon manuscrit à Bob Proctor, au début de l'un de ses séminaires intitulé Science of Getting Rich. Bob l'a lu et l'a adoré. Et puis il a fait quelque chose qui m'a consterné.

Deux cent cinquante personnes assistaient à ce séminaire, à Denver. Ces gens voulaient tous savoir comment devenir riches. Debout devant l'auditoire, Bob a cité le titre de tous mes livres et m'a présenté à la foule. Je suis resté planté sur la scène pendant que tous applaudissaient. On m'accueillait comme une célébrité et j'ai adoré cela.

Et puis Bob a parlé de mon nouveau livre, de mon ouvrage non publié, de ce livre. J'ai été surpris. Je n'étais pas prêt. J'ai retenu mon souffle. Et puis Bob en a donné le titre, qui était à l'époque *Spiritual Marketing*.

Il y eut un tel silence dans la salle qu'un frisson m'a parcouru l'échine. Non seulement les gens ont-ils réagi favorablement, mais tous voulaient le livre sur-le-champ. Au moins cinquante personnes sont venues me voir pour me dire qu'elles voulaient l'acheter. Bob Proctor m'a confié plus tard qu'il souhaitait en faire une version enregistrée. Et un éditeur qui assistait au séminaire m'a déclaré qu'il voulait publier le livre, sans même l'avoir lu !

Mes inquiétudes à propos de la publication de cet ouvrage se sont évanouies. J'ai constaté que le moment était propice pour rendre publiques les idées qu'il contenait, et j'ai vu qu'il n'y avait aucun danger à le faire.

Alors me voici.

Comme avec bien des choses dans la vie, il n'y a pas matière à avoir peur ; la richesse et la gloire sont à votre portée. Il vous suffit d'aller de l'avant et de faire les choses qu'une petite voix intérieure vous encourage à faire.

Bob Proctor m'a épaulé devant deux cent cinquante personnes.

Résultat : en 2001, j'ai publié une version électronique de ce livre, *Spiritual Marketing*. Il a connu un succès immédiat. Il a figuré en première position sur la liste des bestsellers d'Amazon, les 4 et 5 juin 2001, soit les dates d'anniversaire de mes parents. Il a été traduit en sept langues. Les gens m'écrivent de partout dans le monde, affirmant que les cinq étapes qui y sont exposées les ont aidés à trouver un emploi, ou à guérir un mal « incurable », ou à recueillir des fonds, ou à trouver le véritable amour, et plus encore.

C'était une rétroaction plutôt renversante.

J'ai commencé à me dire : « *Si ce matériel change réellement des vies, alors je dois le rendre encore plus accessible. Je dois étoffer mon manuscrit et expliquer encore mieux ces cinq étapes, et j'ai également besoin d'un excellent éditeur.* »

J'ai formulé cet énoncé comme étant une intention.

Et vous lisez maintenant ce livre. Évidemment, je l'ai étoffé, j'ai mis l'information à jour, et j'ai trouvé le bon éditeur.

C'est ainsi que fonctionne le facteur d'attraction.

Mais avant de vous expliquer les cinq étapes, permettez-vous de vous dire certaines choses…

« À l'intérieur de chaque vie repose la cause de tout ce qui y pénètre. »

F.W. SEARS
How To Attract Success, 1914

LE FACTEUR
D'ATTRACTION

Des miracles en cascade

D'autres miracles se sont produits depuis que le petit livre écrit en 1997 est devenu ce que vous avez actuellement entre les mains. En voici quelques-uns :

- Lorsque j'ai écrit la première version de ce livre, et que j'y ai décrit l'automobile de mes rêves, je songeais alors à une Saturn. Aujourd'hui, mon rêve, et ma voiture, ont fait l'objet d'une mise à niveau. Je conduis maintenant une BMW Z3 2.8 Roadster. Je n'ai jamais eu autant de plaisir de ma vie à conduire !!! À mesure que je m'épanouissais et devenais de plus en plus déterminé à concrétiser mes rêves, j'ai naturellement voulu une automobile différente. Je me suis tourné vers la Z3, car elle symbolise les changements majeurs qui sont survenus dans ma vie. Et elle est d'une conduite très agréable ! Vous pouvez réellement avoir tout ce que vous êtes capable d'imaginer.

- Lorsque j'ai écrit la première version de ce livre, j'étais encore marié à Marian, avec qui j'avais passé plus de vingt ans de ma vie. Mais nous avons convenu que nous étions peu à peu devenus des étrangers l'un pour l'autre. Cet épisode de notre vie et cette décision n'ont eu aucun aspect négatif. Marian a décidé qu'elle préférait vivre seule. Et j'ai décidé de chercher une autre partenaire. Et j'ai trouvé, en la personne de Nerissa, de qui je suis profondément amoureux. Marian et moi sommes toujours amis, et les deux femmes ont maintenant une place dans mon cœur. Je suis un homme heureux. Dans la vie, les changements importants peuvent vraiment être effectués sans difficulté ni effort.

• Lorsque j'ai écrit la première version de ce livre, je me suis fixé comme but de m'assurer un revenu d'appoint. Je voulais que l'argent vienne à moi aisément et sur une base continue, où que je sois et quelles que soient mes activités. C'est alors que j'ai fait la connaissance de Mark Joyner, qui était à l'époque le PDG d'Aesop Marketing. Il m'a demandé la permission de réaliser une version électronique de l'un de mes livres. J'étais sceptique. Mais je lui ai confié *Hypnotic Writing*, un manuscrit que j'avais écrit plusieurs années auparavant. Mark l'a placé en ligne, il en a fait la mise en marché, et les ventes m'ont sidéré.

Encore maintenant, des années après sa publication sur www.HypnoticWriting.com, les commandes continuent d'affluer. Étant donné qu'il n'y a pas de livres à imprimer, pas de stocks à gérer, pas de frais de manutention, tout l'argent généré devient un revenu d'appoint. Je reçois un chèque chaque mois, et le montant est parfois renversant. Et étant donné que j'ai plus d'une douzaine de livres en ligne, incluant le best-seller *How To Create Your Own E-book in Only 7 Days* à l'adresse www.7daysbook. com, les chèques sont d'un montant encore plus élevé. Aujourd'hui, je souris beaucoup. Je sais que lorsqu'on formule une intention, on met en branle les forces de la vie qui en feront une réalité pour nous.

- Lorsque j'ai écrit la première version de ce livre, je vivais à Houston, au Texas. Après avoir fait la connaissance de Nerissa, je suis déménagé à Austin. J'ai alors entrepris de rapatrier mes rêves à la maison. Après quelques mois, nous avons déniché une magnifique propriété de deux acres avec piscine extérieure dans le pays des collines, où vivaient en liberté des cerfs et des lièvres, entre Austin et San Antonio, dans une petite communauté spirituelle et artistique appelée Wimberley, toujours au Texas. Pour trouver cette maison, il m'avait suffi d'en projeter une image claire dans mon esprit et de suivre chacune de mes intuitions. Le résultat a été miraculeux.

Je pourrais continuer. Par exemple, je pourrais vous parler d'un homme avec qui j'ai étudié il y a environ vingt ans, Robert Anthony, Ph.D. Ses célèbres ouvrages et cassettes audio ont changé ma vie. Il a communiqué avec moi après avoir lu la première version du présent matériel. Aujourd'hui, l'homme qui avait été l'un de mes gourous est devenu l'un de mes partenaires en affaires. J'ai produit, enregistré et mis en marché son extraordinaire programme audio intitulé *Beyond Positive Thinking*. Je crois qu'il s'agit du meilleur programme d'amélioration personnelle de tous les temps, et j'y joue un rôle !

L'ATTRACTION FONCTIONNE

J'étais assis avec Nerissa et nous parlions des miracles qui se succédaient dans ma vie. «Ça t'arrive sans cesse», a-t-elle dit.

Elle a mentionné qu'à peine quelques jours auparavant, je voulais acheter des billets d'avion afin d'aller rendre visite à ma famille en Ohio. Les billets coûtaient près de mille dollars. J'étais prêt à débourser cette somme, mais j'avais tout de même espéré trouver un meilleur tarif. Lorsque j'ai appelé la compagnie aérienne, on m'a informé que j'avais accumulé suffisamment de points de voyage en milles aériens pour ne payer mes billets qu'environ cent dollars. C'était génial.

Et Nerissa m'a rappelé le jour où j'avais décidé de compléter ma collection de livres rares de P. T. Barnum, un homme dont j'avais étudié la vie et qui avait fait l'objet de l'un de mes ouvrages. J'ai trouvé le livre qui me manquait. Mais mon intuition m'a dit de ne pas payer le prix élevé exigé par le libraire. Je ne suis pas allé de l'avant. J'ai attendu. Quelques jours plus tard, le libraire a réduit son prix. Cela arrive très rarement. Eh oui, j'ai acheté le livre.

Et puis elle m'a rappelé cette période de sept ans pendant laquelle j'avais cherché un livre sans jamais parvenir à le trouver. J'avais abandonné. Et puis j'ai décidé de l'attirer, d'une manière ou d'une autre. Alors que je ne m'y attendais pas, un ami canadien avec qui je correspondais par courriel m'a dit qu'il possédait ce livre. Je l'ai supplié de me le vendre. Il a refusé. Mais quelques jours plus tard, il a soudainement décidé de me l'envoyer, sans frais!

Nerissa m'a également rappelé qu'il y a environ un an, lorsque je n'arrivais pas à localiser une amie que j'aimais beaucoup et qui me manquait, j'avais engagé un détective privé en désespoir de cause. Il n'avait pas réussi à trouver mon amie et j'avais laissé tomber. Et puis j'avais décidé de l'attirer de nouveau dans ma vie. Un jour, en suivant tout simplement mon intuition, je me suis retrouvé en face d'elle pendant un cours de yoga. Je l'ai retrouvée sans verser une goutte de sueur.

De plus, Nerissa m'a également demandé de vous relater ce qui m'est arrivé hier, pendant que je rédigeais cette préface.

Depuis quelques mois, je suis un adepte de la méthode Sedona. Il s'agit d'une méthode très simple qui permet de relâcher toute émotion ou expérience négative de manière à créer instantanément le bonheur dans notre vie. Cette méthode me plaît et j'en ai parlé à de nombreuses personnes par le biais de mon bulletin d'information électronique mensuel.

Donc, hier matin, j'étais plongé dans l'ouvrage de Lester Levenson, le fondateur de la méthode Sedona. Installé dans un fauteuil, je lisais, heureux, me demandant comment je pourrais en apprendre davantage sur la méthode Sedona et Lester. Je me rappelle avoir pensé : « *Eh bien, ce serait certainement agréable de rencontrer d'autres adeptes de cette méthode et d'apprendre ce qu'ils font.* »

La journée même, j'ai vérifié mes courriels et j'ai été agréablement surpris de constater que j'avais un message du directeur du Sedona Institute. Il avait entendu parler de moi par la rumeur publique et il voulait savoir comment je pourrais l'aider à faire la promotion de son site Web, le http://www.sedona.com. Merveilleux !

Et puis il y a eu ces innombrables fois où j'ai voulu davantage d'argent pour acquérir telle ou telle chose, et où j'ai procédé à un remue-méninges qui a rapidement attiré une abondante somme d'argent dans ma vie.

Par exemple, lorsque j'ai eu besoin de rassembler vingt mille dollars, j'ai presque résolu d'animer un séminaire sur le « marketing spirituel ». Mais j'ai eu l'idée de vérifier si les gens seraient intéressés à s'inscrire à un atelier en ligne. J'ai donc annoncé que le cours ne se donnerait que par voie électronique, qu'il ne durerait que cinq semaines, et que le coût serait de mille cinq cents dollars par participant. Quinze personnes se sont inscrites, générant ainsi une somme colossale en une seule journée. Excellent.

Depuis, j'ai enseigné à d'autres ma technique de cours virtuels. Ils ont ainsi pu engendrer des revenus de plus d'un quart de million de dollars par année. Dans la majorité des cas, j'ai reçu près de la moitié de cette somme en honoraires pour mes services de consultation. Vous savez que cela me plaît.

« Il t'arrive sans cesse des miracles, a répété Nerissa.

— Et pourquoi donc, crois-tu ? lui ai-je demandé. Cela n'a certainement pas toujours été comme ça.

— Parce que tu te sers maintenant du facteur d'attraction, a-t-elle expliqué. Tu fais de toi un aimant qui attire tout ce que tu désires. Une fois que tu as décidé que tu veux quelque chose, tu l'obtiens, et souvent presque instantanément. »

Il n'y a rien à ajouter. Si je voulais dresser la liste de tous les miracles qui se sont produits dans ma vie grâce au facteur d'attraction, je ne terminerais jamais ce livre et ne réussirais jamais à le rendre accessible au public.

Voilà où je veux en venir : la formule en cinq étapes que vous êtes sur le point de découvrir fonctionne.

Et parce qu'elle fonctionne, je veux que vous la connaissiez.

Un jour, j'ai dit à Nerissa que, dans la vie, il y avait une voie facile et une voie difficile. Lorsque j'ai fait sa connaissance, elle gravissait la montagne du côté le plus escarpé. Je lui ai fait remarquer qu'il y avait également un ascenseur qui permettait de traverser la vie. Vous pouvez emprunter la voie facile ou la voie difficile. Le choix vous appartient.

Lorsque j'ai fait la connaissance de Nerissa, elle était malheureuse, elle était engagée dans un procès contre des travailleurs de la construction qui avaient ruiné le toit de sa maison, elle se chamaillait avec sa mère presque chaque jour, elle détestait son emploi, et ainsi de suite.

Quelques mois seulement après avoir découvert le facteur d'attraction, elle gagnait son procès, elle trouvait un terrain d'entente avec sa mère et elle quittait son emploi. Elle a maintenant deux livres virtuels à son actif et est propriétaire d'une entreprise Internet en plein essor. Et elle vit avec moi dans notre domaine campagnard. Elle dit qu'elle est plus heureuse qu'à toute autre époque de sa vie.

Encore une fois, il existe une voie rocailleuse pour traverser la vie, et il existe un ascenseur.

Que préférez-vous ?

Le facteur d'attraction vous montre la façon de traverser la vie en douceur.

Pourquoi ne pas emboîter le pas et apprécier la promenade?

«Rappelez-vous que les choses sont des symboles, et que la chose symbolisée est plus importante que le symbole lui-même.»

JUGE THOMAS TROWARD
Cité dans *Attaining Your Desires*
de Genevieve Behrend.

Qu'est-ce que vous dénigrez?

Récemment, j'ai dîné avec un bon ami. J'ai apprécié sa compagnie et la nourriture, mais cette rencontre m'a en quelque sorte épuisé.

Lorsque j'y repense, je me rends compte que cette personne a un talent fou pour dénigrer tous les auteurs et les gourous dont il a lu les livres, ainsi que l'ensemble des concepts, méthodes d'initiative personnelle ou approches thérapeutiques dont il a entendu parler.

Il n'est pas carrément négatif ou délibérément critique. Il veut sincèrement trouver quelque chose qui fonctionnerait dans sa vie. Mais il dénigre de façon inconsciente tout ce qui croise sa route.

Un jour, je lui ai parlé d'un maître spirituel avec qui j'avais étudié plus de vingt ans auparavant. J'ai mentionné que les gens disaient de lui: «Mon professeur est manifestement très érudit. Il rayonne.»

Mon ami m'a interrompu en disant: «Je suis certain que des gens ont vu ce gourou et n'ont pas cru qu'il était plus brillant qu'un sac de papier.»

Eh bien, mon ami a raison.

Mais mon ami est également malheureux.

Je crois qu'il y a une leçon à tirer de ceci. Lorsque nous dénigrons des gens et leurs idées parce que le monde entier n'est pas d'accord avec eux, on nous donne raison. Mais il se trouve également qu'il persiste un grand vide à l'intérieur de nous. En dénigrant ce qui pourrait fonctionner, nous dénigrons notre propre progression. Nous dénigrons ce qui est possible.

Peu importe si le livre que vous avez lu et aimé plaît à quelqu'un d'autre. Peu importe si le professeur que vous admirez est adulé par quelqu'un d'autre. Peu importe si l'approche thérapeutique qui vous a guéri a été inefficace pour quelqu'un d'autre.

Ce qui importe, c'est vous. Votre bonheur. Votre santé. Votre guérison. Votre bien-être.

En fait, il n'existe pas de méthode qui puisse donner des résultats concluants pour tout le monde. Il n'existe pas de professeur qui sache guider tout le monde. Il n'existe pas de livre qui ait le pouvoir d'inspirer tout le monde.

Tout vient de l'intérieur. Vous détenez un pouvoir de décision absolu sur votre vie.

Au lieu de dénigrer ce qui est possible de manière à avoir raison, que pouvez-vous accepter de manière à pouvoir grandir?

Le dénigrement est souvent un moyen de faire dévier les messages. C'est un mécanisme d'autodéfense. Si vous dénigrez la lecture, l'idée ou la méthode qui vous est proposée, on vous donnera raison, et vous demeurerez cloué là où vous êtes.

Dans son splendide ouvrage intitulé *Change Your Mind, Change Your World*, Richard Gillett, Ph.D., a déclaré : «Étrangement, la désapprobation est le signe le plus probant d'un système de croyances caché. Très souvent, les croyances déguisées ne se manifestent qu'à l'occasion d'un jugement ou d'un blâme fondé sur l'émotivité.»

Je connais des gens qui ont réussi et qui ont tous accepté d'intégrer de nouveaux outils dans leur vie au fil des ans. Ils ont investi des milliers de dollars dans des programmes de croissance personnelle et d'auto-observation, et ils ne l'ont jamais regretté.

Le secret ne consiste pas à dénigrer, ou à désapprouver, mais à assimiler et à digérer.

Par exemple, Nerissa et moi avons dîné avec des amis récemment. Une amie se plaignait de son emploi. À son avis, rien ne pouvait égaler l'horreur de sa situation. Mauvais patron. Horaire imposé. Maigre salaire. Rien à faire, elle n'avait que des récriminations à formuler.

Plus tard, d'autres amis se sont joints à nous. La «chance» aidant, l'un d'eux a dit connaître quelqu'un qui travaillait au même endroit que notre compagne geignarde. Il a donné un nom à notre malheureuse amie et lui a dit que cette personne pourrait l'aider à régler ses problèmes. Il a poursuivi en disant que son ami était superviseur et chef de plusieurs services, et qu'il serait probablement en mesure de trouver une solution.

J'étais stupéfait. Tout comme Nerissa. Nous étions les témoins privilégiés d'un véritable tour de magie.

Mais qu'a fait notre amie avec cette nouvelle piste et ce nouvel espoir?

Elle les a dénigrés.

Elle n'a pas noté le nom et le numéro de téléphone du superviseur, et rien dans son attitude n'a montré qu'une chose merveilleuse venait de lui arriver.

Comprenez-vous ce qui se passe dans de tels cas?

Il nous arrive parfois de nous priver sciemment des choses que nous disons vouloir. Nous dénigrons alors ce qui serait avantageux pour nous.

Souvent, les gens m'écrivent et me demandent quel est « le » produit qu'ils pourraient se procurer pour transformer leur vie. Lorsque je leur dis que j'ai aimé le matériel de Robert Anthony, Ph.D., au point de le financer et de l'enregistrer, et que je commercialise maintenant sa série de CD intitulée *Beyond Positive Thinking*, ils sont gagnés d'avance. Ils se rendent sur www.BeyondPositiveThinking.com et ils l'achètent.

Néanmoins, certaines personnes se plaignent: «Cela coûte quatre-vingt-dix-neuf dollars». Oui, bien sûr. Mais il s'agit d'une somme incroyablement modique pour une série de cassettes audio de qualité supérieure qui pourraient changer votre vie. Choisirez-vous de les acheter et d'obtenir ce que vous voulez, ou dénigrerez-vous le plus remarquable matériel d'initiative personnelle de tous les temps? Voulez-vous vraiment tous les avantages que vous dites désirer? Oui ou non?

Permettez-moi de vous donner un autre exemple:

Hier, j'ai reçu une lettre me vantant les mérites d'un nouveau programme audio traitant de la neutralisation des illusions. Je l'ai lue mais je l'ai mise de côté, jugeant qu'elle traitait d'un sujet dont j'avais déjà entendu parler et qui avait probablement fait l'objet de l'un de mes enregistrements.

Et aujourd'hui, j'ai reçu une autre publicité émanant d'une autre source, mais vendant le même programme. Je l'ai lue attentivement et je me suis dit : « *C'est intéressant, mais je parie qu'il n'y a pas grand-chose de nouveau là-dedans.* » Je l'ai donc mise de côté.

Environ une heure plus tard, alors que j'étais en train de réviser le chapitre que vous lisez en ce moment, j'ai soudain réalisé que je faisais exactement ce que je vous déconseille de faire : je rejetais une occasion d'apprendre.

J'ai donc récupéré la réclame, j'ai rempli le bon de commande et je l'ai posté. Je recevrai les cassettes audio sous peu.

Je ne dis pas qu'il faut acheter tout ce qui vous est proposé, mais plutôt qu'il ne faut pas tout dénigrer. Le dénigrement est parfois un masque, un geste d'autosabotage qui vous immobilise. Pour grandir, vous devez avoir l'esprit ouvert.

Encore une fois, vous détenez un pouvoir de décision absolu sur votre vie. Soyez à l'écoute de vous-même et faites ce qui est bien pour vous. Soyez à l'affût de ces moments où vous pourriez dénigrer le prochain don qui croisera votre route.

Baissez la garde et laissez entrer la vie.

« Si nous n'aimons pas ce qui nous arrive, nous n'avons qu'à changer notre conscience, et le monde changera pour nous plaire ! »

— LESTER LEVENSON
Keys to the Ultimate Freedom, 1993

Comment attirer
l'argent

« Que faites-vous ? », ai-je demandé.

J'étais debout au milieu d'une file de sept cents personnes dans un hôtel de Seattle, attendant de passer une
journée à écouter un conférencier, à la fois auteur et maître
spirituel.

« J'aide les gens à canaliser leur énergie », a répondu la
femme qui se trouvait à côté de moi. « C'est difficile à expliquer. C'est différent pour chaque personne.

– Avez-vous une carte professionnelle ?

– Non », a-t-elle répondu, quelque peu embarrassée.

J'étais stupéfait.

« Permettez-moi de vous poser une question, ai-je commencé. Il y a ici plus de sept cents clients éventuels pour
vous. Pourquoi n'avez-vous pas de carte professionnelle ? »

Une femme qui se trouvait près d'elle a souri et lui a dit :
« Vous venez d'être touchée par un ange. »

Je ne suis pas un ange. Mais je me demandais pourquoi cette femme d'affaires laissait filer une telle occasion. Après avoir bavardé avec quelques-uns des sept cents participants à cet événement, j'ai réalisé qu'ils étaient tous des travailleurs autonomes. Et que tous avaient besoin d'aide sur le plan de la commercialisation.

C'est alors qu'il m'est apparu clairement que je pourrais écrire un manuel concis sur la corrélation existant entre la spiritualité et la manifestation de nos désirs. Personne ne semblait mieux qualifié. En effet, j'ai écrit *The AMA Complete Guide to Small Business Advertising* pour le compte de l'American Marketing Association, et j'ai plus de quinze ans d'expérience en métaphysique et en spiritualité. J'ai interviewé un grand nombre de conférenciers spécialisés en initiative personnelle et certains d'entre eux ont été mes clients. De plus, j'ai déjà créé et testé un processus en cinq étapes permettant d'attirer à soi tout ce que l'on veut.

Je savais que ces sept cents personnes qui assistaient au séminaire ne représentaient qu'un infime pourcentage de tous les entrepreneurs qui avaient besoin d'être épaulés, tant sur le plan professionnel que personnel. Je savais également que tous avaient une conduite intérieure qui expliquait leurs résultats. Autrement dit, leur état d'esprit était directement proportionnel à la prospérité de leur entreprise.

Donc, si cette femme n'avait pas de carte professionnelle, c'est qu'elle souffrait d'insécurité dans sa vie professionnelle. Son «facteur d'attraction» n'avait pas une influence déterminante sur les affaires.

Poussant ce raisonnement logique dans la direction vers laquelle je veux vous guider dans cet ouvrage, je dirai que si cette femme avait une vision véritablement claire de son entreprise, elle n'aurait même pas besoin de carte professionnelle.

Les clients viendraient tout simplement à elle. Son esprit intérieur, son facteur d'attraction, se chargeraient du marketing.

C'est ce que dévoilera ce livre. J'ai appris que nous sommes des êtres humains, et non des machines humaines. Lorsque vous arrivez à bien visualiser ce que vous pouvez apporter au monde, le monde viendra pratiquement à vous. Lorsque vous visualisez clairement la voiture, la personne, la maison, l'emploi, ou tout que vous voulez, vous commencez à l'attirer vers vous.

Comme l'a dit une personne qui a réussi: « Ce sont maintenant les anges qui distribuent mes cartes professionnelles. » Vous êtes troublé? C'est normal. Mandy Evans, thérapeute, auteure et aussi une amie, a dit: « La confusion est ce merveilleux état d'esprit qui précède la précision. »

LES FONDEMENTS DE LA PROSPÉRITÉ

Le témoignage qui suit vous donnera peut-être un aperçu de mon propos et dessinera la toile de fond de ce qui suivra:

J'ai déjà lu un merveilleux ouvrage datant de 1920, intitulé *Fundamentals of Prosperity* et écrit par Roger Babson. L'auteur termine son livre en demandant au président de la République argentine pourquoi l'Amérique du Sud, avec toutes ses merveilles et ses ressources naturelles, se trouve si loin derrière l'Amérique du Nord en ce qui a trait au progrès et au marketing.

Le président a répondu: « J'en suis venu à cette conclusion. L'Amérique du Sud a été colonisée par des Espagnols qui cherchaient de l'or, mais l'Amérique du Nord a été colonisée par des Pères pèlerins qui cherchaient Dieu. »

Qu'est-ce qui vous motive?

L'argent ou l'esprit?

Les buts que vous voulez atteindre ou l'esprit qui les rend possibles?

COMMENT DEVENIR MILLIONNAIRE

Il y a plusieurs années, Scrully Blotnick a mené une étude auprès de mille cinq cents individus, répartis en deux catégories. La catégorie A était formée de ceux qui disaient vouloir faire fortune d'abord et s'adonner plus tard à ce qui leur plaisait vraiment. Environ mille deux cent quarante-cinq personnes faisaient partie de ce groupe. Les deux cent cinquante-cinq personnes composant la catégorie B ont dit qu'elles préféraient d'abord jouir de la vie, en espérant que la fortune leur sourirait plus tard.

Que s'est-il passé?

Vingt ans plus tard, cent une personnes étaient million-naires. Une seule appartenait au groupe A. Une centaine d'autres étaient toutes issues du groupe B, le groupe qui avait préféré donner la priorité à ses passions et non à l'argent. Voici donc un autre indice pour attirer l'argent.

Qu'est-ce qui vous motive, l'argent ou la passion?

ACCUEILLONS FAVORABLEMENT
LE FACTEUR D'ATTRACTION

Dans ce livre, je vous propose une nouvelle façon facile et ne nécessitant aucun effort de développer votre entreprise, de trouver l'amour, d'améliorer votre état de santé, d'attirer davantage d'argent ou tout ce que vous pouvez imaginer. Cette formule est fondée sur des principes spirituels éternels.

Vous découvrirez comment votre état d'esprit attire et crée les résultats que vous obtenez dans votre vie, et vous apprendrez comment intervenir pour avoir, faire, ou être ce que votre cœur désire. J'appelle cette formule le « facteur d'attraction ». Il s'agit véritablement d'une formule spirituelle qui est un gage de succès.

Ces techniques fonctionnent-elles ? Les résultats que vous obtiendrez en seront la preuve. Mettez-les en pratique et constatez par vous-même. Je pourrais vous parler de mes propres réussites, et je le fais dans cet ouvrage, mais rien ne saura mieux vous convaincre que l'application de ces concepts et la constatation des résultats étonnants qu'ils donnent.

Je pourrais vous dire que cette méthode vous aidera à concrétiser tout ce que vous voulez. Vous lirez les témoignages de personnes qui ont su attirer dans leur vie des voitures et des résidences, qui se sont elles-mêmes guéries du cancer, qui ont développé de nouvelles relations, et qui ont attiré davantage d'argent. Mais je mets l'accent sur l'attraction de la richesse sur le plan professionnel, car il est manifeste qu'il y a un sérieux manque de spiritualité dans le monde des affaires. Et je vous permettrai de découvrir la magie du marketing axé sur l'esprit, car rien ne vous paraîtra plus probant que les expériences que vous ferez vous-même.

Asseyez-vous. Mettez-vous à l'aise, Respirez profondément. Détendez-vous. Et parlons maintenant de la façon dont vous pouvez devenir plus riche, et réaliser tous vos rêves, au moyen de la magie du facteur d'attraction.

Tout commence avec le fait de comprendre que votre vie…

Esprit : Ce qui est traditionnellement considéré comme étant le principe vital ou l'âme des êtres humains.

Spirituel : Issu de, relatif à, consistant en, ou ayant la nature de l'esprit, de l'intangible et de l'immatériel.

— AMERICAN HERITAGE DICTIONARY
(Boston : Houghton Mifflin, 1980)

Il peut en être autrement

Avant de devenir auteur et spécialiste du marketing, j'ai été journaliste intramondain pendant plus de dix ans, écrivant pour le compte de plusieurs magazines d'avant-garde. Par conséquent, j'ai été témoin de miracles. En voici quelques exemples :

- J'ai interviewé Meir Schneider, un homme qui avait reçu un diagnostic de cécité. On lui avait donné un certificat attestant qu'il était condamné à être aveugle pour le reste de sa vie, et pourtant il voit aujourd'hui ; il lit, il écrit, il conduit sa voiture, et il a également aidé des centaines de gens à recouvrer la vue.

- J'ai passé un certain temps à l'Option Institute, dirigé par Barry et Suzi Kaufman, et là aussi j'ai été témoin de miracles. Leur propre enfant était né autiste. On leur avait conseillé de ne nourrir aucun espoir à son égard. Mais ils s'y sont refusés. Ils ont travaillé avec leur enfant, ils l'ont aimé, entouré de soins, et accepté, et ils l'ont guéri. Aujourd'hui, il mène une vie d'adulte au-dessus de la moyenne, heureuse et prospère.

• J'ai assisté à des dizaines d'ateliers où j'ai vu des gens retrouver des relations harmonieuses avec leurs conjoints, leurs parents, leurs enfants. J'ai interviewé des gourous et des mentors, j'ai parlé à des gens dont les problèmes de santé «incurables» avaient été résolus, et j'ai moi-même bénéficié de miracles dans ma propre vie. J'en suis venu à croire que rien, rien! n'est impossible.

LE GUÉRISSEUR DES GUÉRISSEURS

Pendant plus de dix ans, j'ai travaillé avec Jonathan Jacobs, un homme que l'on appelait le «guérisseur des guérisseurs», parce que les résultats qu'il obtenait en aidant les gens étaient si stupéfiants que les médecins lui envoyaient leurs patients. J'ai vu Jonathan s'occuper de gens qui avaient des problèmes aussi variés que des soucis financiers, des maux de dos et le cancer, et qui a contribué à leur guérison, souvent en une seule séance.

J'en ai moi-même fait l'expérience. J'avais éprouvé des difficultés financières pendant la majeure partie de ma vie. Lorsque je vivais à Dallas, il y a une trentaine d'années, j'étais sans logis et affamé. Je faisais des vols à l'étalage pour pouvoir manger. Et lorsque j'ai déménagé à Houston, il y a vingt-cinq ans, cela a été un cauchemar frustrant de ne gagner que deux cents dollars et de vivre dans un taudis. C'était l'enfer. Et pourtant, j'ai vécu ainsi pendant près de quinze ans. Quinze années!

Et puis, après quelques séances avec Jonathan, j'ai en quelque sorte abandonné mes vieilles croyances à propos de l'argent, j'en ai adopté d'autres, et aujourd'hui ma situation financière est tellement différente que je me sens souvent intimidé à l'idée d'avoir autant de possessions: nouvelles voitures, nouvelles maisons, voyages à travers le monde, plus de clients que je ne peux en satisfaire, et des rentrées d'argent constantes qui me tiennent à l'abri du besoin en tout temps. Je paie toutes mes factures sur réception, et je ne manque de rien. Maintenant, j'attire aisément l'argent.

Que s'est-il passé?

Comment Meir a-t-il pu guérir sa cécité? Comment les Kaufman ont-ils pu guérir l'autisme de leur fils? Comment Jonathan peut-il aider les gens, quels que soient leurs problèmes? Comment suis-je devenu prospère alors que je n'avais presque rien il y a dix ans?

Cela a commencé lorsque j'ai compris qu'«il peut en être autrement». C'est ce que je veux que vous compreniez dès maintenant. Peu importe ce qui se passe dans votre vie, peu importe ce que vous croyez qu'il se passera, il peut en être autrement. Vous pouvez modifier votre trajectoire. Rien n'est coulé dans le béton.

De fait, comme vous le verrez, tout dans la vie semble malléable. Vous pouvez la modeler pour la faire correspondre à vos désirs et à vos projets. En ce moment même, pendant que vous lisez ces lignes, vous pouvez commencer à jouer avec de nouvelles possibilités. Que voulez-vous être, faire, ou avoir? Gagner à la loterie? Pourquoi pas? Agrandir votre entreprise? Pourquoi pas? Guérir d'une maladie? Pourquoi pas? Avoir davantage d'argent dès maintenant? Pourquoi pas?

Un de mes amis m'a demandé: «Comment sais-tu ce qui est impossible?»

Je lui ai répondu: «Comment sais-tu ce qui ne l'est pas?»

UNE PERMISSION À TERRE

Je crois que notre planète est telle qu'elle a été décrite dans l'un des épisodes originaux de *Star Trek* à la télévision, intitulé «Un congé à terre». Lorsque Kirk et son équipe s'aventurent sur une planète à titre d'éclaireurs avant d'y envoyer le reste de l'équipage pour une période de repos bien mérité, d'étranges événements commencent à se produire. McCoy voit un énorme lapin blanc. Sulu voit un vieux samouraï qui se lance à sa poursuite. Kirk voit l'une de ses anciennes compagnes et un vieux rival de classe. Après avoir vécu les joies et les tristesses de ces événements, les membres de l'équipe réalisent finalement (grâce à Spock, bien sûr) qu'ils se trouvent sur une planète qui lit leurs pensées et les matérialise.

Je crois que la Terre est cette planète. Ce que vous entretenez en pensée avec énergie et détermination aura tendance à se manifester dans la réalité. Vous l'attirerez. Cela prend un certain temps avant de constater des résultats parce que nos pensées changent sans cesse.

Imaginez que vous allez au restaurant et que vous commandez une soupe au poulet. Mais avant qu'elle ne vous soit servie, vous changez d'idée et demandez plutôt un potage aux raviolis chinois. Et puis, vous redemandez une soupe au poulet. Vous serez assis là et vous vous plaindrez en disant: «Je n'obtiens jamais ce que je veux!» alors qu'en réalité c'est à cause de vous qu'on met si longtemps à vous servir votre soupe!

La majorité d'entre nous faisons cela chaque jour. Notre indécision fait en sorte qu'attirer ce que nous voulons devient pratiquement impossible. Il n'est donc pas étonnant que vous ayez l'impression de ne jamais obtenir ce que vous voulez. Encore une fois, il peut en être autrement.

Réfléchissez à ce qu'a écrit Frances Larimer Warner dans son ouvrage intitulé *Our Invisible Supply : Part One*, en 1907 : « L'Esprit est la substance qui prend forme selon vos demandes, et il doit avoir un modèle sur lequel se baser. Une boule de pâte peut tout aussi bien être transformée en pain qu'en biscuits. L'Esprit ne se formalisera pas de votre demande. »

C'est là le fondement du processus en cinq étapes que je décris dans ce livre : Savoir que la vie peut être différente pour vous, et que la vie elle-même appuiera vos désirs. C'est le facteur d'attraction.

Voici un aperçu de son fonctionnement, écrit par Genevieve Behrend dans un ouvrage publié en 1921, intitulé *Your Invisible Power* : « Tâchez de vous rappeler que les images auxquelles vous pensez, que vous ressentez et que vous voyez se trouvent reflétées dans l'Esprit Universel, et que selon la loi naturelle de l'action réciproque, ces images doivent vous revenir sous une forme soit spirituelle, soit physique. »

« Les activités que nous observons dans le monde extérieur sont typiques de ce qui se passe dans le monde intérieur de l'homme, siège de ses pensées et de ses sentiments... »

— CHARLES BRODIE PATTERSON
« The Law of Attraction », magazine *Mind*, 1899

Un raccourci pour attirer tout ce que vous voulez

Permettez-moi de vous confier un petit secret.

Il n'est pas nécessaire de mettre en pratique les cinq étapes décrites dans cet ouvrage pour concrétiser vos désirs ou attirer davantage d'argent. Non. Il y a un moyen plus facile. Je vous dirai lequel si vous me promettez de ne pas le crier sur les toits.

Marché conclu?

Voici le secret, ce que j'appelle le raccourci pour créer la vie que vous voulez: *Soyez heureux dès maintenant.*

C'est tout. Si vous pouvez être heureux dès maintenant, en ce moment même, vous aurez atteint tous vos objectifs. Pourquoi? Parce que derrière tout ce que vous dites souhaiter repose le désir d'être heureux. En 1917, Ralph Parlette a écrit, dans son ouvrage intitulé *The Big Business of Life*: «Quoi que nous fassions, nous le faisons pour être heureux, que nous arrivions ou non à nos fins.»

Vous voulez une nouvelle voiture afin d'être heureux.

Vous voulez davantage d'argent afin d'être heureux.

Vous voulez jouir d'une meilleure santé afin d'être heureux.

Vous voulez vivre une relation amoureuse et passionnée afin d'être heureux.

Le bonheur est votre objectif.

Et voici un autre secret : Il n'est pas nécessaire que vous ayez quoi que de soit de plus pour être heureux dès maintenant. Vous pouvez choisir d'être heureux.

Je sais que cette notion n'est pas facile à saisir. Aujourd'hui, à ce propos, une infirmière qui prodigue des soins à mon meilleur ami m'a téléphoné. Son appel m'a troublé, c'est le moins qu'on puisse dire. Elle m'a annoncé que mon ami devrait sans doute suivre une cure de désintoxication à cause d'une dépendance aux médicaments. Cette nouvelle m'a plongé dans la tristesse à la vitesse de l'éclair.

Quelques heures plus tard, je suis allé chez mon acupuncteur. Pendant que je roulais à travers le pays texan des collines, dans cette magnifique région où j'habite maintenant, j'ai compris que je pouvais être heureux malgré tout. Ce sentiment de tristesse ne me serait d'aucun secours, et n'aiderait ni mon ami, ni ma conduite. Je pouvais choisir d'être heureux.

Cela vous semble-t-il dément ? On nous a enseigné à laisser les circonstances nous dicter nos émotions. Ce que j'ai appris, c'est que le monde extérieur n'est qu'illusion. Oh, il paraît bien réel, je l'admets. Mais c'est votre monde intérieur qui crée ce monde extérieur. Et c'est ici que le facteur d'attraction entre en jeu.

Comme l'a dit Paul Ellsworth dans son classique rédigé en 1924, *The Mind Magnet* : « La conscience est la cause. »

Permettez-moi de vous donner davantage d'explications…

> «Si vous ne déboursez pas davantage maintenant pour une paire de chaussures que vous n'aviez l'habitude de le faire pour une voiture, alors votre conception de l'argent a besoin d'être remaniée.»
>
> — RANDY GAGE,
> *101 Keys To Your Prosperity*
> www.MyProsperitySecrets.com

Une introduction
au facteur d'attraction

Un jour, un ami et moi dînions ensemble dans ma ville natale, Niles, en Ohio. J'y étais allé rendre visite à mes parents. Mon ami voulait connaître le secret qui lui permettrait de créer sa propre réalité et d'attirer davantage d'argent. J'ai réfléchi un instant et puis j'ai dit : « Pour la majorité des gens, le concept le plus difficile à saisir, c'est qu'ils sont l'unique raison pour laquelle la vie est ce qu'elle est. Ils en sont entièrement responsables. »

J'ai vu que mon ami rejetait la tête en arrière.

« Comment est-ce possible ? a-t-il pratiquement crié. Je ne suis pas nécessairement responsable d'un accident de voiture qui pourrait m'arriver, ou de la perte de mon emploi, ou de toute autre chose que la vie pourrait m'apporter. »

J'ai inspiré profondément. Cela ne serait pas facile à expliquer, mais je tenais à faire de mon mieux.

« La spiritualité a trait à l'acceptation de nos responsabilités relativement à tout ce qui arrive dans la vie, ai-je dit. Que ce soit bon ou mauvais, la source de tout est en nous.

Joseph Murphy avait l'habitude de dire que notre vie est une représentation de nos créations intérieures.

— Je ne passe pas mon temps à imaginer des accidents de la route », a rétorqué mon ami.

— Peut-être pas consciemment, ai-je dit. Mais regardes-tu les actualités à la télévision ?

— Oui.

— Ne dirais-tu pas que ces bulletins d'information traitent tous de sujets négatifs, allant des accidents aux meurtres, en passant par les crises qui déchirent des pays dont tu n'as jamais entendu parler ?

— Oui, mais… »

— Ton esprit absorbe toute cette information, ai-je expliqué. Et as-tu déjà remarqué comment le cinéma implante des idées dans ton esprit ?

— Quelles sortes d'idées ?

— Eh bien, as-tu déjà remarqué que l'escroc est toujours financièrement puissant ?

— Tu veux parler de films tels que *Wall Street* ?

— Oui ! Ces films nous enseignent que l'argent est mauvais, ou qu'il corrompt, ou que les gens riches sont des bandits, ai-je poursuivi. Le fait est que tout ça programme ton esprit pour attirer des choses dont tu préférerais ne pas faire l'expérience. »

Mon ami est demeuré silencieux pendant une minute.

« Je crois que ce que tu veux dire, a-t-il commencé, c'est que nous sommes tous des robots, ou encore des machines.

— Je dois admettre que c'est une explication plutôt exacte. Tant que nous ne nous réveillons pas, nous attirons inconsciemment des choses dans notre vie, et puis nous déclarons que nous ne l'avons pas fait.

— Je ne sais pas, a marmonné mon ami. Je ne sais pas. Cela voudrait dire que j'ai choisi de faire partie des Alcooliques Anonymes et de gâcher ma vie.

— Eh bien, c'est vrai, ai-je dit. Et tu l'as fait pour des raisons personnelles. Tu voulais peut-être que le défi te rende plus fort. Tu voulais peut-être que cette expérience t'aide à mieux comprendre la vie. Je ne le sais guère. Mais tu le sais, toutefois, quelque part à l'intérieur de toi.

— Et qu'en est-il de tous ces gens qui entrent dans ma vie et qui se disputent avec moi, ou qui rendent ma vie misérable?

— À mon avis, tout dans ta vie est une représentation de ce qui se passe à l'intérieur de toi.

— Quoi?»

J'ai souri, mais je savais que ces concepts n'étaient pas faciles à expliquer. Je devais souvent relire mes propres livres, ou une grande partie de la littérature consacrée à ce sujet, pour bien saisir le concept de la manifestation inconsciente ou de l'attraction aveugle.

«Écoute, ai-je commencé. Je connais une femme qui a une certaine susceptibilité féministe. Parce qu'elle croit que tous les hommes veulent la draguer, il suffit de l'envoyer toute seule dans un magasin et, si un homme l'aborde, elle le considère automatiquement comme un sale type machiste.

— Peut-être que cet homme est un sale type.

— Il l'est probablement, mais envoyez dans le même magasin une femme qui n'a pas cette croyance et elle ne se fera pas aborder par cet homme, ne remarquera pas sa présence, ou ne pressentira tout simplement pas ses intentions.

– Tu dis donc que nous créons tout ça, absolument tout?

– C'est ainsi, ai-je dit. Cette conversation que nous avons est une création collective. Tu voulais que quelqu'un t'explique les secrets de l'univers. Je voulais formuler ces secrets pour les inclure dans mon nouveau livre. Nous avons tous les deux créé ceci.»

Mon ami a hoché la tête mais a dit : «Je vois ce que tu veux dire dans un cas aussi simple que celui-ci, mais qu'arriverait-il si nous étions en colère et que nous nous disputions à propos de ces idées?»

Que pouvais-je dire? Je comprenais bien sa question. Vous vous demandez probablement la même chose : Qu'est-ce que cela signifie lorsque quelqu'un vous affronte, ou que vous avez une dispute avec un parent, votre conjoint ou un voisin? Vous avez également créé cela?

«Nous aurions tout créé, ai-je expliqué. Ce que tu vois est une représentation de ce que tu crois en ton for intérieur. J'appelle ça le facteur d'attraction.

– Je ne comprends pas.

– Eh bien, cette conversation que nous avons reflète ce que je pense à propos de l'approche spirituelle du succès.

– Tu m'as créé?

– J'ai créé ce moment et notre conversation, ai-je dit. J'en avais besoin pour mon nouveau livre. Je t'ai attiré ici afin que nous puissions créer cette réalité.

– Heureux d'avoir pu te rendre service, a-t-il grommelé. Eh bien, qu'en est-il des choses sur lesquelles je ne suis pas d'accord avec toi. Tu as également créé cela?

– C'est difficile à accepter, mais c'est vrai. Ton incrédulité reflète les parties de mon discours qui ne me convainquent pas moi-même.

– C'est assez étrange, Joe, a-t-il dit. Si c'est vrai, une fois que tu auras clairement défini tes croyances, alors mes doutes s'évanouiront ?

– Ils disparaîtront, ou bien tu ne m'en parleras tout simplement plus.

– Il faut que je réfléchisse à tout ça, a-t-il dit.

– Il s'agit du facteur d'attraction, ai-je expliqué. Cela signifie que tu es la source des expériences dont tu es le témoin. Tu en es le cocréateur, pour des raisons personnelles. Le monde est un miroir de toi-même.

– Il me semble que j'aurais créé un monde plus beau.

– Eh bien, tu le peux maintenant, ai-je dit. Maintenant que tu prends conscience de ton pouvoir intérieur, tu peux commencer à créer consciemment les circonstances qui t'entourent. Tu n'y arriveras peut-être pas du jour au lendemain, ou peut-être n'arriveras-tu pas à maîtriser entièrement ce pouvoir au cours de ta vie, mais tu peux commencer dès maintenant.

– Comment ?

– Ah, la question que j'attendais !

– Tout commence avec la formule en cinq étapes que j'ai élaborée, ai-je expliqué. C'est assez facile, et tu peux même abréger une étape lorsque tu la maîtrises. Mais ces cinq étapes constituent le premier pas à franchir.

– Tu me révéleras ces cinq étapes ou est-ce que je devrai acheter ton livre ?

– Je vais te les décrire immédiatement, ai-je répondu, et ensuite tu pourras acheter mon livre. »

« L'esprit est tributaire de la conception qu'il a de lui-même. »

— A.K. MOZUMDAR

Quel est votre QI
par rapport à la prospérité?

Avant de vous plonger dans le chapitre qui suit, arrêtez-vous un instant. Répondez sur une feuille blanche au bref questionnaire sur la prospérité conçu par le spécialiste Randy Gage et voyez si vous avez été infecté par une programmation de « pénurie » et de limitation. Cela pourra vous permettre de déterminer dans quelles sphères agit votre facteur d'attraction actuel. Vous voudrez peut-être d'abord faire des photocopies de ce questionnaire afin de pouvoir le partager avec vos amis et les êtres qui vous sont chers.

1. Craignez-vous secrètement que les membres de votre famille et vos amis ne soient plus les mêmes si vous devenez riche?

2. Lorsque vous étiez jeune, vous a-t-on dit des choses telles que: « Tu n'es peut-être pas riche, mais tu es honnête! »?

3. Votre éducation religieuse vous a-t-elle enseigné qu'il est noble de faire des sacrifices maintenant, car vous serez récompensé dans l'autre monde?

4. Vous êtes-vous senti coupable lorsque vous avez commencé à gagner davantage d'argent que vos parents? Vous sentez-vous coupable actuellement?

5. Vous a-t-on appris à vous conformer aux règles de la société et à ne rien faire pour vous démarquer?

6. Pendant votre enfance, aimiez-vous des émissions telles que *Dallas, Dynastie, L'île de Gilligan, MASH* et *The Beverly Hillbillies*, dans lesquelles les gens riches étaient dépeints comme des êtres sans scrupules et intrigants, ou prétentieux et radoteurs?

7. Souffrez-vous de problèmes de santé chroniques auxquels les médecins n'arrivent pas à remédier?

8. Vous est-il déjà arrivé d'éprouver un sentiment de jalousie devant les vêtements coûteux, les voitures et les résidences d'autrui, ce qui pourrait avoir poussé votre subconscient à détester les gens riches?

9. Sur le même plan, croyez-vous qu'il est en quelque sorte noble, romantique ou spirituel d'être pauvre?

10. Avez-vous déjà mis fin à une relation négative, pour immédiatement en renouer une autre avec une personne ressemblant en tous points à la première?

11. Avez-vous parfois émis des jugements catégoriques tels que: «pauvre comme un rat», «pourri de fric» ou «d'une richesse indécente»?

12. Vous êtes-vous déjà excusé d'avoir échoué en disant des choses telles que: «Il faut avoir de l'argent pour faire de l'argent»?

13. Cela vous plaît-il d'être opprimé et de ne jamais avoir la chance de votre côté?

14. Est-il possible que vous misiez sur des problèmes de santé, des difficultés financières ou des échecs professionnels pour éveiller la sympathie et susciter l'attention de votre entourage?

15. Vivez-vous une relation amoureuse stable, avez-vous suffisamment d'argent pour subvenir à vos besoins et êtes-vous en assez bonne santé, mais en ayant tout de même l'impression que la vie vous a oublié?

QUEL EST VOTRE POINTAGE?

Additionnez vos résultats et inscrivez votre pointage sur la feuille prévue à cet effet.

Si vous avez répondu «non» à treize questions ou plus : Vous avez une très forte perception de la prospérité et vous pouvez probablement donner un exemplaire de ce questionnaire à quelqu'un d'autre.

Si vous avez répondu «oui» à trois questions ou plus : Il est probable que vous ayez inconsciemment un problème d'estime de soi. Vous êtes peut-être en état de dormance, effrayé à l'idée de sortir de votre zone de confort. Vous n'êtes probablement pas complètement malheureux, mais il n'y a ni passion ni exaltation dans votre vie. Vous savez que quelque chose vous manque, mais vous ne savez peut-être pas de quoi il s'agit.

Si vous avez répondu «oui» à cinq questions ou plus : Vous êtes fort probablement engagé dans un cycle de stagnation. Vous faites de petits progrès, mais vous connaissez aussi des revers et, par conséquent, vous ne jouissez pas vraiment du succès et du bonheur que vous désirez et méritez.

Si vous avez répondu «oui» à sept questions ou plus: Vous êtes sur le point de vous engager, ou êtes déjà engagé, sur une pente descendante menant à de sérieux problèmes émotionnels, physiques et financiers. C'est le genre de «cycle de la victime» dont Randy Gage était prisonnier lorsqu'il a tout perdu à l'âge de 30 ans, avant de transformer sa vie et de devenir multimillionnaire. Il est impératif que vous preniez immédiatement des mesures pour sortir de ce moule et interrompre le cycle de l'échec. Pour ce faire, vous devez découvrir les croyances restrictives qu'entretient votre subconscient, et le reprogrammer entièrement avec des croyances positives.

Si vous vous classez dans l'une des trois dernières catégories, les séminaires de Randy Gage, intitulés «Prosperity Power Experience», pourront certainement vous aider. Consultez www.MyProsperitySecrets.com pour poursuivre vos réflexions sur la prospérité.

Première étape :
Le tremplin

Entrez dans n'importe quel bar et qu'entendrez-vous ?

Commérages. Doléances. Amertume. Défaitisme.

Rendez-vous dans la cafétéria de n'importe quelle grande entreprise et qu'entendrez-vous ?

Commérages. Doléances. Amertume. Défaitisme.

Écoutez aux portes pendant n'importe quel repas pris en famille et qu'entendrez-vous ?

Commérages. Doléances. Amertume. Défaitisme.

Je pourrais continuer. Le fait est que la majorité des êtres humains sont prisonniers de ce niveau de conscience. C'est le niveau des médias. C'est le niveau de la plupart des conversations. C'est le niveau de la faible énergie. Et c'est ce niveau qui fait stagner les gens.

Dois-je vous donner davantage d'explications ?

La plupart des gens à qui je parle chaque jour savent ce qu'ils ne veulent pas :

« Je ne veux pas de ce mal de tête. »

« Je ne veux pas de ce mal de dos. »

« Je ne veux pas de ces factures. »

« Je ne veux pas lutter pour ma survie sur le plan professionnel. »

Vous connaissez la liste. Vous avez la vôtre.

Malheureusement, la majorité d'entre nous n'allons pas
plus loin. La nature même de nos conversations, des articles
de journaux que nous lisons, des émissions que nous écou-
tons à la radio et à la télévision, et des infovariétés populaires
nous inondent d'images de ce que nous ne voulons pas. Cela
fait du bien de se plaindre. Nous nous sentons un peu moins
seuls. Nous avons l'impression d'être entendus. Nous nous
sentons soulagés. Et parfois, nous obtenons même des
réponses qui atténuent nos problèmes.

Ce dont nous ne nous rendons pas compte, c'est que
nous activons le facteur d'attraction d'une façon négative.
Lorsque nous disons : « Je ne veux pas de ces factures », notre
attention est canalisée sur, vous l'avez deviné, nos factures !
L'esprit de la vie vous donnera tout ce sur quoi vous canali-
serez votre attention. Donc, si vous parlez de vos factures,
vous en recevrez encore davantage. Vous les attirerez en leur
consacrant de l'énergie.

La majorité des gens vivent dans la peur. Comme l'a
écrit Elinor Moody en 1923, dans un ouvrage intitulé *You
Can Receive Whatsoever You Desire* : « Rappelons-nous que la
peur n'est que la foi orientée dans la mauvaise direction.
Nous avons foi en des choses que nous ne voulons PAS, plutôt qu'en celles que nous désirons. »

Encore une fois, c'est à ce niveau que se situent la majorité des gens. Ce n'est pas mauvais, mais ce n'est tout

simplement pas très positif. Et cela ne vous apporte probablement pas la santé, la richesse ou le bonheur que vous souhaitez.

Mais nous poussons rarement le processus jusqu'au niveau deux. Rares sont les gens qui cessent de se plaindre, de lutter ou d'avoir peur suffisamment longtemps pour se concentrer sur le contraire de ce qu'ils vivent. Toutefois, c'est le niveau deux qui commence à apporter les miracles et la concrétisation de ce que nous voulons. Une conscience claire de ce que vous ne voulez pas est un tremplin vers les miracles. Ce que vous ne voulez pas est tout simplement votre réalité actuelle. Et la réalité actuelle peut changer.

DÉFAITES-VOUS DU DÉFAITISME

Une façon de vous protéger des influences négatives du monde consiste à les éviter. Je me rappelle avoir lu comment Mark Victor Hansen et Jack Canfield avaient interdit toute forme de défaitisme dans leurs bureaux. J'adore cette idée. Je ne regarde pas les actualités à la télévision et je ne lis pas les journaux. Après un certain temps, on se rend compte à quel point nous sommes gavés d'informations très négatives et subjectives. Rien de tout cela n'est conçu pour garantir notre bien-être.

Mais vous devez également vous méfier de vos amis. Les gens qui vous entourent vous feront part de leur vision du monde. Parfois, il n'est pas facile de dissocier leur point de vue du vôtre.

Vous voulez quitter le monde des causes extérieures et entrer dans celui de l'attraction basée sur l'énergie. Une façon de le faire consiste à vous rappeler que le monde est en général caractérisé par la doléance.

MÉFIEZ-VOUS DE VOTRE ENTOURAGE IMMÉDIAT

Il y a de nombreuses années, j'ai assisté à des rencontres de réseautage. Il s'agissait habituellement de déjeuners ou de dîners d'affaires au cours desquels les gens échangeaient leurs cartes professionnelles et tentaient de s'aider les uns les autres à trouver de nouveaux clients.

J'ai pris la parole à de nombreuses occasions lors de tels événements. J'ai vite remarqué que les mêmes personnes semblaient assister aux mêmes réunions. Un ami observateur m'a dit : « Ce sont les mêmes gens, et ils sont tous affamés ! »

C'est là que j'ai pris conscience du concept des niveaux. C'est-à-dire que les gens ont tendance à demeurer au même niveau, qu'il s'agisse de leur situation professionnelle ou de leur rang social. Lorsqu'ils se font de nouveaux amis, c'est habituellement dans leur champ d'activité, que ce soit l'église, le travail, l'école ou un club quelconque. Il en résulte qu'ils quittent rarement le niveau dans lequel ils évoluent.

Il n'y a rien de mal à cela. Vous pouvez demeurer à votre niveau actuel et vous en porter très bien. Mais si vous en voulez davantage, ou si vous vous sentez rongé par l'insatisfaction, vous devrez gravir un échelon ou deux et passer à un niveau supérieur.

Lorsque je prenais la parole pendant ces rencontres de réseautage, j'étais d'un cran supérieur à tous ceux qui se trouvaient dans la salle. Cela n'a rien à voir avec l'ego. C'est une perception sociale. On me considérait comme évoluant à un niveau légèrement supérieur tout simplement parce que j'étais l'orateur. Je faisais figure de symbole d'autorité. En tant que conférencier, je gagnais un échelon par rapport à leur niveau.

Mais cela ne suffit pas. Si vous voulez concrétiser de grands rêves dans le monde des affaires, vous devez quitter le cercle ou le réseau de pairs et de collaborateurs dans lequel vous évoluez. Vous devez joindre les rangs d'un groupe entretenant des liens plus étendus, plus forts et plus riches.

Vous devez passer au niveau suivant.

Comment y arriver?

En ce qui me concerne, mes livres m'ont fait découvrir d'autres cercles de personnes, ainsi que des réseaux évoluant à des niveaux plus élevés. Par exemple, lorsque j'ai écrit *The AMA Complete Guide to Small Business Advertising* pour le compte de l'American Marketing Association en 1995, j'ai été immédiatement transporté à un autre niveau. J'étais devenu l'auteur d'un ouvrage important, cautionné par un organisme prestigieux.

De nouvelles personnes ont alors communiqué avec moi. Et toutes avaient leur propre réseau de relations. Plus souvent qu'autrement, ces réseaux se situaient à un niveau nettement supérieur à tout ce que j'avais connu auparavant.

Voici un autre exemple : lorsque j'ai écrit mon livre sur P. T. Barnum, intitulé *There's A Customer Born Every Minute*, pour le compte de l'American Management Association, en 1997, j'ai attiré l'attention de personnalités influentes telles que Donald Trump et Kenneth Feldman. J'avais manifestement accédé à un autre niveau.

De nos jours, si vous voulez réussir de façon phénoménale, vous devez gravir un échelon ou deux sur l'échelle du réseautage. Heureusement, le courrier électronique est un outil de choix. On peut communiquer avec n'importe qui par courriel avec un peu de persévérance et d'astuce. C'est de cette manière que je suis parvenu à joindre la superstar du marketing, Jay Conrad Levinson, la légende du publipostage, Joe Sugarman, et même le plus fou des casse-cou, Evel Knievel.

Je n'ai eu recours à aucun autre outil que le courrier électronique.

Un nombre incalculable de gens m'écrivent dans l'espoir de se voir accorder un privilège. On me perçoit maintenant comme un spécialiste, un expert, et un pionnier du marketing sur Internet. Ils veulent que leur nom ou leur produit soit associé à ma personne. J'adore aider les gens, et c'est pourquoi je leur donne habituellement une chance. Mais je n'approuve jamais rien avant d'avoir vu, utilisé et aimé ce qu'ils ont à offrir. Il est important pour moi de préserver le niveau où j'évolue.

Et maintenant, des gens qui évoluent à un niveau supérieur au mien m'écrivent également. Par exemple, Robert Anthony, Ph.D. est un homme dont j'ai étudié les travaux il y a deux décennies. L'an dernier, il m'a écrit après avoir lu mon livre intitulé *Spiritual Marketing*. Aujourd'hui, nous sommes coauteurs. Je viens de produire et d'enregistrer *Beyond Positive Thinking*, son légendaire programme audio. Il y a vingt ans, je me situais à un niveau nettement inférieur au sien. Aujourd'hui, nous sommes associés!

N'oubliez pas qu'il y a une différence entre passer à un niveau supérieur et se démarquer. On peut être créatif tout en demeurant au même niveau. Se prêter à une séance de remue-méninges avec son voisin n'est évidemment pas la même chose que de le faire avec, disons, Richard Branson, le flamboyant propriétaire de Virgin Records.

Voici ce que je veux mettre en évidence: *Pour atteindre des buts que vous n'avez jamais atteints auparavant, vous devrez peut-être vous hisser à un niveau supérieur et collaborer avec de nouvelles personnes dans une nouvelle sphère.*

Donc, la leçon contenue dans cette section consiste à évaluer le niveau auquel vous évoluez actuellement, à préciser vos objectifs, et à déterminer qui, à l'extérieur de votre réseau, peut vous aider à les atteindre. Vous devrez peut-être vous hasarder au-delà de votre niveau (et de votre zone de confort) pour le faire, mais le jeu en vaut la chandelle.

Autrement dit, votre entourage immédiat vous mettra des bâtons dans les roues, ou bien vous aidera. Comme le souligne Randy Gage, les cinq personnes les plus proches de vous influeront sur votre succès. Elles miseront soit sur la première étape (ce que vous ne voulez pas), soit sur la deuxième étape (ce que vous voulez). Votre entourage vous aidera d'une façon ou d'une autre à choisir votre trajectoire.

Alors, sur quoi souhaitez-vous canaliser votre attention ?

LE CONSEIL DE SOCRATE

J'adore cette anecdote que l'on attribue à Socrate, et qui traite de la façon de se comporter avec les gens négatifs.

Un jour, un homme vient voir Socrate et lui dit : « J'ai une nouvelle à t'annoncer ! »

Socrate lève la main pour interrompre l'homme exalté.

« Tout d'abord, permets-moi de te poser trois questions, a dit Socrate.

– Euh !, d'accord, a répondu l'homme.

– As-tu vérifié si tout ce que tu veux me dire est vrai ?

– Eh bien, non, a répondu l'homme, mais je l'ai entendu raconter, et de source sûre.

– Passons donc à la deuxième question, a dit Socrate. Est-ce que cette nouvelle a trait à quelqu'un que tu connais personnellement ?

– Non, a répondu l'homme, mais je crois que vous connaissez cette personne.

– Je vois, a dit Socrate. Alors permets-moi de te poser ma dernière question. Cette nouvelle est-elle positive ou négative?

– Elle est négative.

– Voyons voir, a dit le sage Socrate. Tu veux m'annoncer une nouvelle dont tu ne peux attester la véracité, à propos de quelqu'un que tu ne connais pas, et qui est négative.

– Eh bien, formulé ainsi, ce n'est pas très concluant.

– C'est pourquoi je préfère ne pas t'écouter. »

OÙ SONT VOS PENSÉES?

Encore une fois, le facteur d'attraction est toujours à l'œuvre. C'est l'esprit qui vous octroie l'objet de vos pensées. Canalisez-les sur la pénurie, vous connaîtrez la pénurie. Canalisez-les sur votre mal de dos, vous aurez davantage mal au dos. Donc, dans le cadre de cette première étape, vous n'avez qu'à cerner ce sur quoi vous vous êtes concentré.

Où sont vos pensées?

Comment orientez-vous vos conversations?

Vos réponses façonneront le tremplin qui vous propulsera à la prochaine étape de ce processus qui génère des miracles…

« L'homme est un aimant et chaque ligne, point et détail de ses expériences est le résultat de son pouvoir d'attraction. »

ELIZABETH TOWNE
The Life Power and How To Use It, 1906

Deuxième étape :
Osez faire quelque chose
de digne

Asseyez-vous et laissez-moi vous raconter une histoire ou deux. Cela me servira d'introduction à la deuxième étape de cette formule miraculeuse qui vous permettra de concrétiser vos rêves.

DÉPASSEZ-VOUS

Lorsque j'étais adolescent, le boxeur Floyd Patterson était l'un de mes héros. Floyd a été champion du monde des poids lourds à deux reprises. Il a également été le plus jeune boxeur de l'histoire à remporter ce titre.

C'était un bon gars qui évoluait dans un monde souvent difficile. Il a écrit sa biographie et lui a donné un titre plutôt intrigant : *Victory Over Myself*. J'adore ce titre à cause de l'idéal qu'il véhicule. Au lieu de tenter de conquérir le monde, essayez seulement de vous améliorer. Les coureurs appellent ça « se dépasser ». En d'autres termes, si vous n'êtes pas heureux, trouvez un moyen de remporter une victoire sur vous-même.

Il n'y a pas de compétition. Il n'y a pas d'ennemi. Il n'y a que le désir de vous améliorer vous-même. Plus vous vous améliorez, plus le monde fait de même.

Floyd Patterson le savait. Et il est devenu l'un des boxeurs les plus célèbres et les plus sympathiques du monde.

J'ai fait la connaissance de Floyd lorsque j'avais environ seize ans. Cette rencontre a eu lieu immédiatement après un combat, à Cleveland, en Ohio. Je me suis frayé un chemin dans les gradins, j'ai franchi une barrière et j'ai attendu à l'endroit où passerait Floyd lorsqu'il retournerait à sa salle d'entraînement. Il m'a adressé un sourire doux et aimable. Je me suis avancé et j'ai donné une petite tape sur son épaule massive tout en le félicitant pour sa victoire.

Ce moment est resté gravé dans ma mémoire. Floyd avait choisi la boxe parce que c'est l'activité qui lui avait permis de sortir de la pauvreté. Mais il savait que le seul véritable adversaire qu'il avait au monde était ce qu'il n'aimait pas en lui-même. Il travaillait pour se vaincre lui-même. Floyd a gagné.

Demandez-vous : « *Qu'est-ce que je veux améliorer en moi-même ?* »

PEACE PILGRIM

Peace Pilgrim a sans doute été la Mère Teresa ou le Gandhi des États-Unis d'Amérique. Cette femme bienveillante a consacré vingt-huit années de sa vie à marcher pour la paix. Elle a renoncé à son propre nom. Elle ne possédait rien à part les vêtements qu'elle portait. Elle ne mangeait et dormait que si quelqu'un qu'elle croisait sur la route lui offrait gîte et couvert.

Elle a parcouru plus de quarante mille kilomètres pour la paix. Elle était convaincue que ce qu'elle faisait avait un impact profond sur le monde. Elle a été interviewée par les médias, vue à la télévision, entendue à la radio et lue dans les journaux.

Toutefois, elle ne faisait que répondre à son propre appel. Elle a osé faire quelque chose de digne.

Elle a écrit: « La partie la plus importante de la prière est ce que nous ressentons, et non ce que nous disons. Nous passons beaucoup de temps à dire à Dieu ce que nous pensons qui devrait être fait et pas assez de temps à attendre, dans la tranquillité, que Dieu nous dise quoi faire. »

Peace Pilgrim est décédée en 1981. Mais son esprit est toujours vivant. On peut découvrir sa vie et ses écrits sur le site suivant: www.peacepilgrim.net/pphome.htm.

Elle a été et est toujours une source d'inspiration pour des millions de gens.

Je vous demande maintenant de vous poser la question suivante: « Comment Peace Pilgrim m'inspire-t-elle? »

Ou: « Qu'est-ce que mon intuition me pousse à faire? »

DEVENEZ TRILLIONNAIRE

Comme vous le verrez dans ce chapitre, le fait de savoir ce que vous voulez, de connaître votre vocation, votre but, votre idéal, votre défi, votre rêve, cela constitue la prochaine étape si vous voulez concrétiser vos désirs.

La majorité des gens n'ont aucune idée de ce qu'ils veulent. Ou s'ils le savent, ils ne visent pas très haut. Je veux que vous voyiez plus grand que vous ne l'avez jamais fait. Je veux que vous *osiez faire quelque chose de digne*.

Par exemple, pourquoi ne devenez-vous pas trillionnaire? Selon mon ami Brad Hager, PDG du magazine *Millionnaire*, il y a vingt-deux trillions de dollars en fortunes personnelles qui circulent dans le monde. Toutefois, il n'y a pas encore de trillionnaires.

Pourquoi ne pas choisir de devenir le premier trillionnaire du monde? (En fait, c'est mon but. Mais il peut également être le vôtre).

L'une des choses que vous apprendrez dans ce livre, c'est que votre esprit peut être orienté de manière à trouver des réponses pour vous. Lorsque vous posez des questions telles que: «Comment puis-je devenir le premier trillionnaire du monde?», votre esprit entreprend une mission de quêtes et de trouvailles. Votre question l'oriente vers la recherche d'une solution.

La deuxième étape du processus entourant le facteur d'attraction consiste à déterminer ce que vous voulez, et à agir de manière à ce que votre esprit fasse le reste.

Permettez-moi de vous expliquer.

QUE VOULEZ-VOUS?

Si vous comprenez que vous pouvez avoir n'importe quoi, être tout ce que vous voulez, ou faire tout ce que vous souhaitez, alors la question devient: «Que voulez-vous?»

Voici le secret: *L'astuce consiste à transformer chacune de vos doléances en quelque chose que vous VOULEZ.* Commencez par vous concentrer sur la situation dans laquelle vous souhaitez vous retrouver, et non sur celle dans laquelle vous avez déjà été ou qui est la vôtre actuellement.

« Je ne veux pas de ce mal de tête » devient: « *Je veux avoir les idées claires* ».

« Je ne veux pas de ce mal de dos » devient: « *Je veux un dos fort* ».

« Je ne veux pas de ces factures » devient: « *Je veux plus d'argent qu'il ne m'en faut pour m'offrir tout ce que je désire* ».

« Je ne veux pas lutter pour ma survie sur le plan professionnel » devient: « *Je veux que les clients viennent à moi aisément et sans efforts* ».

C'est un art que de reformuler ce que vous ne voulez pas en ce que vous voulez. Je ne fais que réécrire le contraire de mes doléances. Faites faire un virage à cent quatre-vingts degrés à vos énoncés. Si vous dites: « J'en ai assez d'être interrompu lorsque j'écris », le contraire est: « Je veux écrire dans un endroit sûr, calme et à l'abri des interruptions. »

Vous vous demandez probablement en quoi cela peut influer sur absolument tout. Pourquoi formuler ces énoncés s'ils ne vous aideront pas à payer vos factures ou à remédier à vos problèmes de santé, etc.?

Bonne question. Voici la réponse: *En focalisant votre attention sur ce que vous voulez, vous vous engagerez dans la bonne direction.*

Comme l'a écrit Deepak Chopra dans son ouvrage intitulé *Le Livre des coïncidences*: « C'est la clarté de l'intention qui prime. Et si nous réussissons à écarter notre ego, alors les intentions se réalisent d'elles-mêmes. »

LA MAGIE DE L'INTENTION

Mon ami Kent Cummins, maître magicien, grand orateur, et coauteur de l'ouvrage intitulé *The Magic of Change*, connaît bien le pouvoir de l'intention dans le monde des affaires.

Il dirigeait depuis quinze ans un établissement de restauration rapide spécialisé dans les sandwiches (« the SamWitch shops »), à Austin, au Texas, lorsqu'il a décidé, un jour, d'annoncer à la radio qu'il offrirait une portion de haricots avec tout achat d'un Po-Boy (encourageant ainsi les clients à acheter le plus gros format de ses sandwiches). Ne lui demandez pas pourquoi il avait pensé que les haricots sauraient charmer sa clientèle. Tout ce dont il se souvient, c'est que son entreprise avait trouvé une source d'approvisionnement en haricots de qualité supérieure.

Il en avait acheté en grande quantité. Il avait ensuite fait passer une annonce sur les ondes d'une station de radio locale populaire. Et le jour suivant, l'affluence avait été telle qu'il avait dû refuser des clients. La croissance avait ensuite été fulgurante. Il n'arrivait pas à répondre à la demande.

Mais voici ce qui est étrange. Lorsque Kent avait téléphoné à la station de radio pour remercier ses dirigeants d'avoir diffusé son message publicitaire, il avait été estomaqué de s'entendre dire : « Nous étions sur le point de vous appeler et de nous excuser. Nous n'avons jamais diffusé votre message. »

Comment Kent s'était-il constitué une telle clientèle grâce à un message publicitaire qui n'avait jamais été diffusé ?

« Tout est dans l'intention », m'a-t-il dit alors que nous dînions ensemble. « Je souhaitais attirer une nouvelle clientèle, et cela a été le signal qui a attiré les gens. Apparemment, l'intention était plus importante que le message publicitaire. »

Ce n'est pas la seule occasion où Kent a fait l'expérience du pouvoir qui accompagne le fait de savoir ce que l'on veut en affaires. Récemment, il a décidé de mettre sur pied une campagne de publicité afin de promouvoir son camp d'été: «The Kent Cummins Magic Camp». Il a lu des livres. Il a assisté à un séminaire. Il a esquissé un plan. Son intention était de faire connaître son projet. Mais des détails d'ordre opérationnel l'ont accaparé, et il n'a jamais mis son plan à exécution. Il a oublié de le faire.

Mais cela s'est révélé sans importance. Le père d'un ancien campeur était rédacteur pour l'*American-Statesman*, un journal d'Austin. Il a appelé Kent et lui a demandé la permission d'écrire un article qui paraîtrait dans la page rédactionnelle. Un compte rendu renversant de son programme de formation à l'intention des moniteurs a été publié quelques semaines plus tard. Une station de télévision locale a offert à Kent de participer à l'une de ses émissions matinales afin de promouvoir son camp auprès des téléspectateurs. Kent a accepté; il a fait quelques tours de magie et a répondu à des questions.

Par la suite, Kent a appris que The Magic Camp avait été retenu par BIG Austin, un organisme sans but lucratif, commandité par la ville, qui soulignait la croissance des petites entreprises. À sa grande surprise, il a remporté le prix de la «Petite entreprise la plus créative d'Austin» pour l'année 2004, une distinction qui était rehaussée de prix d'une valeur d'environ quatre mille dollars.

Le Business Success Center lui a demandé de faire une conférence sur l'esprit d'entreprise. Il parlerait du camp au Lakeway Breakfast Club. Le magazine *Austin Family* l'a ensuite informé que ses lecteurs avaient décrété que The Magic Camp était le meilleur camp spécialisé à Austin.

Finalement, Kent a découvert que l'un de ses moniteurs avait proposé un tour de magie du camp à l'émission *The*

Tonight Show avec Jay Leno, et qu'il avait reçu cent dollars en échange de son utilisation.

Pas mal pour une campagne de publicité qui n'avait jamais eu lieu!

Kent appelle cela «la magie de l'intention».

Comme vous le constaterez tout au long de cet ouvrage, plus nous précisons clairement ce que nous voulons, plus il est facile de l'attirer dans notre vie.

Par exemple…

COMMENT J'AI GAGNÉ VINGT-DEUX MILLE CINQ CENTS DOLLARS EN UNE JOURNÉE

Un jour, je me suis immobilisé à côté d'un camion à plateau chargé de voitures neuves. À la vue de l'une d'entre elles, mon sang n'a fait qu'un tour. Jamais un engin mécanique n'avait fait naître une telle excitation en moi. Mais cette voiture l'a fait. J'étais amoureux.

C'était une BMW Z3. Un cabriolet décapotable. Un luxueux modèle sport. L'une des voitures les plus «sexy», fabriquée par des dieux, que l'homme n'ait jamais connue. Bon, j'exagère peut-être. Mais le fait est que cette voiture m'interpellait. Je la voulais. Je la voulais désespérément.

Je savais que les BMW coûtent très cher. Donc, la première chose que j'ai faite a été d'essayer d'en gagner une. Je me suis inscrit à deux concours dont le grand prix était une Z3. Je gagnerais, j'en étais persuadé. Cette voiture m'était destinée. Mais je n'ai pas eu de chance. Hélas! Au diable les jeux de hasard. Il était temps de créer mon avenir en l'attirant.

J'ai donc décrété que j'achèterais la voiture et que je la paierais comptant. Je venais tout juste de terminer un livre électronique traitant de la façon de créer des miracles, *Spiritual Marketing*, et je me suis dit que je me prouverais à moi-même qu'il était possible de créer cette Z3. J'ai mis en pratique ma propre formule en cinq étapes pour me procurer la voiture la plus branchée qui habitait mes rêves les plus fous.

J'ai commencé par formuler mon intention de posséder cette voiture. Oprah a déjà dit : « Ce sont les intentions qui gouvernent le monde. » Je le sais. Sur le porte-plaque d'immatriculation de ma voiture, il est écrit : « Je suis le pouvoir de l'intention ». Une fois que vous déclarez que quelque chose deviendra réalité, vous envoyez un signal dans l'univers qui commence alors à diriger ce quelque chose vers vous, et à vous diriger vers ce quelque chose. Appelez cela de la « vraie magie ». Appelez cela le « facteur d'attraction ». À mon avis, il s'agit de l'une des étapes les plus puissantes du processus de manifestation. Et des miracles peuvent dès lors se produire.

Après avoir formulé mon intention, je me suis fié à mon intuition et j'ai tiré parti des occasions qui se sont présentées à moi. Plus précisément, voici ce qui s'est passé.

Un jour, j'ai eu l'idée d'organiser un séminaire portant sur mon nouveau livre. Je pourrais louer un hôtel. Écrire une lettre publicitaire. Inviter toutes les personnes figurant sur la liste de mes connaissances en ligne et hors ligne. Je pourrais faire un malheur en un seul week-end. C'était la solution idéale !

Mais j'ai dû admettre que je n'aimais pas commercialiser des séminaires, que je ne savais pas si l'événement serait rentable, que les frais d'affranchissement et d'impression seraient exorbitants, et que, de toute manière, je n'aimais pas beaucoup parler en public.

Et voici comment une transition s'est effectuée :

Le projet d'un séminaire en ligne s'est peu à peu imposé dans mon esprit. Je n'aurais qu'à annoncer la tenue d'un cours en ligne à toutes les personnes figurant sur ma liste de messagerie électronique. Cela ne me coûterait rien. Et si personne ne s'inscrivait? Eh bien, je n'avais rien à perdre.

Mais, MAIS!, si des gens s'inscrivaient, je pourrais leur acheminer l'ensemble du cours par courrier électronique. Chaque semaine, je leur enverrais une leçon. Je leur proposerais des travaux pratiques. Ils les feraient et me les retourneraient par courriel. Je leur offrirais alors de la rétroaction sur ces exercices. Tout serait clair et agréable, facile et commode. L'idée me plaisait.

J'ai décidé d'offrir cinq semaines de cours, principalement parce que le livre original était composé de cinq chapitres. J'enverrais un chapitre par semaine en guise de leçon. J'ajouterais des travaux pratiques à chacun d'eux pour faire plus sérieux.

Et puis je me suis demandé: « *Quelle somme puis-je exiger pour ce cours?* »

J'ai longuement réfléchi à cette question. La majorité des gens offrent gratuitement leurs cours en ligne, quand on peut parler d'enseignement. Quelques-uns exigent des frais minimes. Mais je voulais une BMW Z3. Une voiture qui coûte entre trente mille et quarante mille dollars.

Mince alors!

Eh bien, j'ai décidé que je voulais un groupe composé de quinze participants. Ce nombre était arbitraire. Mais j'ai tout simplement calculé que j'en aurais plein les bras si quinze personnes me soumettaient leurs exercices à corriger pendant cinq semaines. Donc, comme pour tout ce qui a touché à l'élaboration de ce premier cours en ligne, j'ai « créé » la taille du groupe idéal.

J'ai ensuite divisé par quinze le coût de la Z3. Si quinze personnes déboursaient deux mille dollars chacune, j'aurais suffisamment d'argent pour payer la voiture comptant. Mais cette somme me paraissant un peu trop élevée, j'ai donc décidé de fixer le coût de mon séminaire à mille cinq cents dollars par personne.

J'ai ensuite rédigé un argumentaire de vente que j'ai envoyé à toutes les personnes figurant sur ma liste de messagerie, les invitant à s'inscrire à mon cours en ligne. À l'époque, cette liste totalisait environ huit cents noms. J'étais incapable d'évaluer combien d'entre eux mordraient à l'hameçon. J'ai même eu peur de me brûler les ailes. Mais j'ai décidé de risquer le tout pour le tout. J'ai envoyé ma lettre.

Que s'est-il passé ?

Seize personnes se sont inscrites sur-le-champ.

C'était de l'argent facilement gagné ! Je venais d'amasser vingt-quatre mille dollars en une seule journée.

Et le cours ne m'a posé aucune difficulté. Les participants ont adoré les leçons, mes exercices, et ma rétroaction. Une seule personne a immédiatement demandé à se retirer, disant que ce genre de cours ne lui convenait pas. J'ai donc eu une classe de quinze étudiants. J'ai gagné vingt-deux mille cinq cents dollars. J'étais satisfait.

Mais cela ne s'est pas arrêté là. Quelques semaines plus tard, j'ai annoncé la tenue d'un autre cours en ligne. Il portait sur la rédaction, la publication à titre d'auteur et la promotion de livres en ligne. J'ai appliqué la même méthode car elle s'était révélée efficace : j'ai envoyé une invitation à ma liste de correspondants et, espérant recruter quinze participants, j'ai fixé le coût du cours d'une durée de cinq semaines à mille cinq cents dollars par personne. J'ai reçu douze inscriptions et j'ai gagné dix-huit mille dollars.

À cette époque, je songeais à écrire une suite à mon best-seller virtuel intitulé *Hypnotic Writing*. Mais je ne voulais pas faire cette démarche d'écriture pour ensuite me contenter d'espérer qu'il se vendrait. Je voulais être payé pour l'écrire.

J'ai donc décidé de créer un autre cours en ligne, *Advanced Hypnotic Writing*. Il serait d'une durée de trois semaines, et non cinq, car je voulais avoir le temps de vivre un peu cette fois. Je devenais paresseux. Une fois de plus, j'ai fixé le prix du cours à mille cinq cents dollars, espérant recueillir quinze inscriptions. J'ai ensuite annoncé le cours à mes correspondants.

C'est là qu'il s'est produit un incident bizarre :

Dix-huit personnes se sont presque immédiatement inscrites au cours. Mais lorsque je leur ai demandé de verser les frais de mille cinq cents dollars, chacune d'entre elles a dit croire que le cours était gratuit ! Stupéfait, j'ai relu mon invitation. Elle précisait clairement que des frais étaient exigés. Je ne voyais qu'une explication possible : les gens avaient lu ma lettre rapidement, avaient été emballés et avaient répondu sur-le-champ pour s'inscrire au cours. Ou peut-être avaient-ils inconsciemment ajouté le mot « sans » devant le mot « frais ». Allez savoir.

Et ce n'est pas la seule chose étrange qui ait entouré la tenue de ce cours : j'ai eu de la difficulté à recueillir un nombre suffisant d'inscriptions à partir de ma liste de diffusion personnelle. Je me suis donc tourné vers une personne qui possédait une liste colossale et lui ai demandé de faire la promotion de mon cours auprès de ses correspondants. Il a accepté en échange de cinquante pour cent de la part du gâteau. Oh là là ! C'était beaucoup, mais je voulais être payé pour écrire la suite de *Hypnotic Writing*, et mes gains seraient de toute façon intéressants. J'ai donc accepté.

Eh bien, vingt personnes se sont inscrites. Et, chose encore plus étrange, aucune d'entre elles, pas une seule !, n'a fait les travaux pratiques. J'ai donc touché leur argent (la moitié, en fait quinze mille dollars), j'ai été payé pour écrire *Advanced Hypnotic Writing*, et je n'ai eu aucun exercice à corriger ou à noter.

C'était vraiment de tout repos !

Plus récemment, j'ai annoncé la tenue d'un autre cours. J'étais sur le point d'acheter un vaste domaine à la campagne et je voulais une grosse rentrée d'argent, rapidement. Ce nouveau cours porte le sceau de ma nouvelle marque exclusive, Guaranteed Outcome Marketing. J'ai haussé les frais de participation à ce cours d'une durée de cinq semaines pour en souligner la valeur. J'ai demandé deux mille cinq cents dollars par personne.

Étant donné que je facturais normalement à un individu des honoraires de cinquante mille dollars pour créer une stratégie personnalisée de marketing aux résultats garantis, j'estimais très raisonnable de ne demander que deux mille cinq cents dollars pour enseigner ma méthode.

J'ai révisé à la baisse l'effectif du groupe, car je voulais m'assurer de donner à chaque participant toute l'attention nécessaire. J'ai restreint la promotion de ce cours à ma liste de diffusion personnelle. Cinq personnes se sont inscrites, pour des revenus de douze mille cinq cents dollars. Pas mal pour un mois de « travail ». Eh oui, j'ai acheté le domaine à la campagne. C'est de cet endroit que j'écris ces lignes.

J'ai continué et j'ai enseigné ma méthode d'enseignement en ligne à de nombreuses personnes. Elle a permis au rédacteur publicitaire et spécialiste du marketing sur Internet, Yanik Silver, de gagner pas moins de quatre-vingt-dix mille dollars. Paul Lemberg, accompagnateur de gestionnaires, s'est ainsi enrichi de plus de cent mille dollars. Et Tom Pauley, auteur de *I'm Rich Beyond My Wildest Dreams, I Am, I Am, I Am*, a empoché plus de deux cent cinquante mille dollars, jusqu'à maintenant. Et dans presque tous les cas, j'ai perçu jusqu'à cinquante pour cent de leurs gains pour les avoir aidés à promouvoir leurs cours en ligne.

Et tout cela est devenu réalité parce que j'ai mis en application la deuxième étape de la méthode du facteur d'attraction!

Quelle est la morale de cette histoire? Il y en a plusieurs:

1. *C'est l'intention qui gouverne.* Vous pouvez vous laisser porter par les circonstances de la vie, ou vous pouvez tracer votre propre trajectoire et décider des résultats. Tout commence avec une décision. Que voulez-vous? Décidez. Choisissez. Déclarez. Ma devise est la suivante: «Osez faire quelque chose de digne». Voilà le pouvoir de la deuxième étape de la formule du facteur d'attraction.

2. *Sortez des sentiers battus.* Ce n'est pas parce que les autres vendent leurs services pour une bouchée de pain que vous devez faire de même. Respectez-vous. Que valez-vous?

3. *Ne cherchez pas uniquement l'argent.* Le fait de vouloir posséder une Z3 m'a poussé à réfléchir à de nouvelles façons de gagner de l'argent. Si mon unique but avait été de m'enrichir, je n'aurais peut-être pas fait preuve d'autant d'audace avec mes idées et ma tarification. Que désirez-vous vraiment?

4. *Vous pouvez y arriver, vous aussi.* Quelles connaissances avez-vous qui pousseraient les gens à vous payer pour les acquérir? Proposez-les ensuite dans le

cadre d'un cours en ligne, assorti de leçons et de travaux pratiques. À la fin du cours, pourquoi ne pas compiler ce matériel et rédiger un livre? Ou enregistrer une série de cassettes audio? Voyez grand! Qu'enseigneriez-vous si aucune crainte ne vous freinait? On peut attirer la richesse lorsqu'on est intrépide. La prospérité se cache peut-être derrière ce que vous hésitez justement à faire.

5. *L'esprit n'est pas distinct de la matière.* Étant donné que j'ai mis l'accent sur l'argent dans cct cxcmple, on pourrait aisément alléguer que mes motivations n'étaient que matérielles. Ce n'est pas le cas. J'ai eu recours à des principes spirituels, comme je l'expliquerai dans cet ouvrage, pour attirer la fortune dans ma vie.

Une fois que vous aurez compris que l'esprit et la matière sont les deux côtés d'une même médaille, vous serez libre d'être heureux et riche. Il est écrit sur le billet d'un dollar américain: «En Dieu nous avons foi». Avez-vous la foi?

Finalement, oui, j'ai attiré ma BMW Z3 dans mon garage. Je l'ai achetée dans une salle d'exposition. C'est un cabriolet 1999 Bleu Montréal, une pure merveille. Étant donné que BMW ne fabrique plus ce modèle, il constitue maintenant une pièce de collection. J'en suis propriétaire depuis plusieurs années, et je n'ai jamais eu autant de plaisir à conduire. De fait, je crois que je vais sur-le-champ aller sillonner la campagne texane.

L'ERREUR LA PLUS FRÉQUENTE

Je l'admets. Je suis frustré. Je suis las de recevoir des courriels de gens qui écrivent: «Je ne peux pas faire ce que vous avez fait parce que… », ou : « Je ne peux pas attirer la richesse dans ma vie parce que… ».

Complétez ces énoncés avec n'importe quelle excuse qui vous vient à l'esprit. Les gens disent qu'ils sont incapables d'écrire autant de livres que je l'ai fait parce qu'ils n'en ont pas le temps, ou qu'ils sont trop vieux, ou trop jeunes, ou trop mariés, ou trop célibataires. Les gens disent qu'ils ne peuvent pas faire un best-seller de leur livre comme je l'ai fait parce qu'il est différent, ou qu'ils sont différents, ou que les circonstances sont différentes. Les gens disent qu'ils ne peuvent pas demander à des célébrités de promouvoir leur livre comme je l'ai fait parce qu'ils ont le sentiment d'être insignifiants ou impertinents, ou de quémander.

La liste des excuses est sans fin. En voici quelques-unes qui m'ont été adressées :

« Vous êtes plus célèbre que moi. Jamais je ne pourrais écrire à des gens et leur demander leur aide, car ils ne me diraient même pas l'heure qu'il est. »

J'étais adolescent lorsque j'ai commencé à demander de l'aide, des conseils, des idées, des suggestions et des recommandations. J'ai des lettres de J. Edgar Hoover, un ancien directeur du FBI, du légendaire boxeur Jack Dempsey, et du grand prestidigitateur John Mulholland. Je n'étais certes pas connu à l'époque.

Mais les gens m'ont toujours aidé. Je me suis débrouillé pour communiquer avec Evel Knievel, Donald Trump, Jimmy Carter, des auteurs à succès, etc., et je l'ai fait avant que quiconque connaisse mon nom. Je leur ai tout simplement demandé leur aide. Ils ont été aimables et m'ont répondu. Aujourd'hui, je fais de même avec tous ceux qui m'écrivent et qui semblent honnêtes et respectueux.

« *Vous disposez d'un vaste réseau de gens à qui vous adresser.* »

Oui, c'est vrai. Aujourd'hui. Mais ce n'était pas le cas à mes débuts. J'ai développé mon réseau en établissant des relations. Je suis allé au-devant des gens, je les ai aidés, ils m'ont aidé, et un climat de confiance est né. Un lien s'est tissé tout au long des dix années pendant lesquelles j'ai entretenu des relations en ligne avec eux.

Lorsque j'annonce que je souhaite une participation à un nouveau livre, les membres de mon réseau me répondent. Lorsqu'ils me demandent quelque chose, je leur réponds. J'ai pu compiler toute l'information nécessaire à la rédaction de mon plus récent ouvrage, *The E-Code : 47 Surprising Secrets for Making Money Online Almost Instantly*, en moins de sept jours, uniquement en demandant de l'aide à mon réseau.

« *Vous avez une importante liste de diffusion et vous pouvez donc vendre plus rapidement.* »

Je ne disposais d'aucune liste de diffusion lorsque j'ai fait ma première incursion dans le commerce électronique. Aucune. Je n'ai saisi toute l'importance que pouvait revêtir une liste de diffusion personnelle que lorsque j'ai offert mon premier cours en ligne, à un nombre restreint de correspondants, et que j'ai gagné vingt-deux mille cinq cents dollars en une seule journée. Cela m'a ouvert les yeux. Je travaille depuis lors à développer ma liste de diffusion. N'importe qui peut le faire.

Et avant de vous lancer dans cette entreprise, vous pouvez toujours vous associer avec des gens qui disposent déjà de telles listes. Comment ? Il suffit de le demander. Un jour, un Norvégien m'a écrit. Il voulait savoir si j'accepterais de l'aider à vendre son nouveau logiciel. Son programme m'a plu et j'ai accepté. Il n'avait pas de liste de diffusion. J'en avais une. Il avait un logiciel. Je le trouvais intéressant. J'ai fait un publi-postage et j'ai partagé les profits avec lui. Nous avons tous deux été gagnants sur toute la ligne.

« Vous êtes plus talentueux que moi en rédaction publici-taire, et donc meilleur vendeur. »

Je suis devenu rédacteur publicitaire en investissant temps et argent, en étudiant les grands de ce milieu et en fon-çant. Mes premières lettres de vente ne valaient rien. Encore aujourd'hui, je fignole mes lettres de manière à les rendre le plus hypnotique possible. À ma naissance, je ne savais ni écrire, ni lire, ni marcher. J'ai tout appris. Ne le pouvez-vous pas ?

« Je n'ai rien à offrir gratuitement qui puisse amener les gens à acheter ce que je vends. »

Des millions de choses sont offertes gratuitement sur le réseau Internet. On peut trouver en ligne des milliers de livres électroniques gratuits dont vous pouvez vous servir pour inciter les gens à acheter votre produit ou votre service. N'importe qui peut le faire. Regardez ce qui se passe sur le Web.

Il suffit de cueillir les fruits mûrs. J'ai vu des gens se servir de classiques de la littérature, appartenant au domaine public et disponibles en format numérique, afin d'encoura-ger des clients éventuels à opter pour leurs produits. Cela fonctionne. Comment les trouver ? Cherchez.

« Je ne peux pas offrir un cours en ligne car je n'ai pas de titres de compétences. »

Vous êtes vos titres de compétences. Votre expérience de la vie en est le meilleur témoin. De nos jours, peu de gens se soucient des diplômes ou des attestations d'études. Ils s'inté-ressent avant tout à votre capacité de tenir vos engagements.

Ma conjointe, Nerissa, s'apprête à donner en ligne un cours de montage vidéo. Tout ce qui peut être enseigné hors ligne peut l'être en ligne. Grâce à la vidéo, à l'audio, aux documents graphiques, aux textes et aux sites de messagerie en temps réel, vous pouvez donner un cours virtuel sur n'importe quel sujet. Pourquoi pas?

«La vente de mes produits ou services sur Internet n'est pas rentable.»

Regardez autour de vous. Le réseau Internet est si vaste, et parfois même insolite, qu'absolument tout peut être vendu en ligne. Je connais des gens qui ont vendu des amarantes et des fouets de cocher, des cartes de souhaits et des créations graphiques générées par ordinateur. Absolument tout ce qui est vendu hors ligne peut être vendu en ligne.

Allez jeter un coup d'œil sur eBay. Les gens vendent des voitures, de vieux vêtements, de la terre, des robes de mariée d'occasion, et même de la neige. J'ai même vendu une «sirène à l'effigie d'Elvis» sur eBay. (Photo disponible sur www.mrfire.com). Y a-t-il vraiment une limite à ce qui peut être vendu en ligne?

«Je n'ai pas su saisir le moment propice pour vendre mon idée.»

Vraiment? Considérez seulement le titre de l'un de mes livres: *There's a Customer Born Every Minute.* Une foule de clients potentiels se manifestent chaque jour. On peut vendre pratiquement n'importe quoi, à peu près n'importe quand, si on sait offrir aux gens ce qu'ils veulent et si on livre la marchandise. Il est parfois nécessaire d'imaginer d'autres applications pour un même produit, ou de viser un public cible différent. Mais il n'y a pas de meilleur moment que maintenant pour vendre ce que vous avez à offrir. Qu'attendez-vous?

« Vous vivez aux États-Unis, je vis au Mexique, et la vente n'est pas une activité florissante ici. »

Allons! J'ai des amis qui se rendent fréquemment au Mexique (ainsi que dans d'autres pays prétendus défavorisés) et qui reviennent avec des wagons remplis de marchandises. De plus, avec Internet, votre lieu de résidence n'a pratiquement pas d'importance. Offrez votre produit en ligne. Ainsi, vous ne le vendrez pas à vos voisins indigents, mais à la planète tout entière. Voyez grand.

Cette liste d'excuses est interminable.

À mon avis, se trouver des excuses est l'erreur que les gens font le plus fréquemment, en ligne ou non. Et bien que toutes ces excuses semblent légitimes à la personne qui les formule, elles sont pratiquement toutes ridicules.

Les excuses sont des croyances. Si vous les acceptez, vous vous retrouvez coincés. Par contre, si vous croyez qu'il y a toujours un moyen de s'en sortir, quelle que soit l'excuse, alors vous irez de l'avant. Ma philosophie est la suivante: « Il y a toujours un moyen. »

Donc, permettez-moi de vous aider.

Premièrement, quelles excuses donnez-vous?

Au début de cette section, j'ai présenté l'énoncé suivant: «Je ne peux pas faire ce que vous avez fait parce que…» Comment avez-vous complété cette phrase? C'est ainsi que certaines de vos excuses prennent forme.

Deuxièmement, demandez-vous s'il existe un moyen d'éviter de donner ces excuses. Autrement dit, les excuses que vous avez formulées sont-elles réelles ou imaginaires? Avez-vous tenté de les contourner? Y a-t-il quelqu'un qui, un jour, a réussi à éviter d'émettre ces mêmes excuses?

Enfin, que feriez-vous si vous n'aviez pas d'excuses ?

Quelle que soit votre réponse, elle constitue une piste menant à votre objectif le plus ambitieux.

Laissez les excuses derrière vous, et vous commencerez à attirer à vous la richesse.

Laissez les excuses derrière vous, et vous pourrez, vous aussi, jouir du succès.

Laissez les excuses derrière vous, et votre vie connaîtra un nouvel essor.

Qu'est-ce qui vous empêche d'agir dès maintenant ?

Quelle que soit votre réponse, il s'agit d'une excuse.

Allez-vous lui permettre de vous arrêter ?

QUI DIRIGE VOTRE VIE ?

Voyez-vous, nous semblons créer notre vie en fonction de nos perceptions. Si nous nous attardons à ce qui nous manque, cette pénurie s'accentue. Si nous nous concentrons plutôt sur nos richesses, nous en obtenons encore davantage. Si nous misons toujours sur les excuses, nous ne faisons que freiner encore plus notre progression. Notre perception devient un aimant qui nous attire dans la direction où nous souhaitons aller.

Si vous ne choisissez pas consciemment votre destination, vous vous dirigez là où veut aller votre moi inconscient. Pour paraphraser ce qu'a dit Carl Jung, le célèbre psychiatre et psychologue suisse : « À moins que vous ne rendiez conscient l'inconscient, ce dernier dirigera votre vie, et vous l'appellerez destin. »

À cet égard, la majorité d'entre nous fonctionnons au moyen d'un pilote automatique. Nous n'avons tout simplement pas réalisé que nous pouvons prendre les commandes. Le fait de savoir ce que vous voulez vous permet d'orienter votre vie dans la direction que vous souhaitez.

Mais ce n'est pas tout…

DANS QUEL BUT ?

Je venais tout juste de dîner avec une amie adorable. Elle avait eu une rencontre avec Jonathan Jacobs la semaine précédente, et elle était encore radieuse. Ses yeux étaient brillants, remplis de passion pour la vie. Elle m'a rappelé que même si l'on croit savoir ce que l'on veut, il est parfois nécessaire de sonder plus profondément en soi pour découvrir ce que l'on souhaite vraiment.

Elle était allée voir Jonathan dans l'intention de créer une entreprise prospère. Jonathan lui avait demandé : « Dans quel but ? » Après avoir réfléchi à la question pendant un moment, elle s'était rendu compte qu'elle voulait une entreprise prospère « afin de prouver qu'elle était une personne valable ».

Je me rappelle avoir dit à Jonathan que je voulais écrire des livres qui deviendraient de grands best-sellers. Il m'avait posé la même question : « Dans quel but ? » J'avais d'abord bafouillé et puis j'avais dit des choses telles que : « Je le mérite », ou : « Je veux être riche », ou : « Mes livres sont suffisamment bons pour cela ». Mais la véritable raison, le facteur de motivation sous-jacent, était que je voulais écrire des best-sellers « afin que les gens m'aiment et m'admirent ». Lorsque je l'ai dit, j'ai senti un revirement en moi. J'ai su que j'avais découvert ce que je voulais vraiment. Mon but, mon intention, était de me sentir aimé.

La majorité des gens traversent leur vie tout entière en étant dirigés par un besoin inconscient et non défini. Le politicien peut être un enfant qui n'a jamais eu assez d'attention. La femme d'affaires peut être une jeune fille qui s'est toujours sentie inférieure à ses compagnes. L'auteur de best-sellers peut tenter de prouver qu'il est intelligent, ou aimable, ou admirable.

La liberté et le pouvoir résultent de la connaissance de ce que vous voulez sans pour autant en être prisonnier.

Mais il y a une autre raison pour laquelle il est important de connaître et de formuler votre intention. Lorsque vous l'énoncez, vous commencez à percevoir tous les obstacles qui pourraient entraver son accomplissement. Si vous dites que vous voulez rembourser votre hypothèque afin de vous débarrasser d'importants paiements, des objections surgissent inévitablement: «Je ne gagne pas suffisamment d'argent pour rembourser la totalité de mon hypothèque», ou: «Personne ne fait jamais cela!», ou encore: «Que penseront mes parents?»

Vous savez ce que je veux dire. Il est facile de trouver des objections. Le truc consiste à démanteler ces objections jusqu'à ce que tout soit clair dans votre esprit. Il vous sera alors plus facile de concrétiser vos rêves.

Je m'explique…

COMMENT ON CRÉE LA RÉALITÉ

Un vendredi, une femme atteinte de cancer est allée consulter Jonathan car elle allait subir une intervention chirurgicale le lundi suivant. Elle était terrifiée et voulait se débarrasser de ses craintes. Jonathan l'a aidée à les formuler et, deux heures plus tard, lorsqu'elle s'est rassise, elle s'est sentie guérie. Mais elle a quand même été opérée. Le lundi, lorsque les médecins ont ouvert son corps, ils n'ont pu trouver aucun cancer. Il était disparu.

Que s'était-il passé?

Encore une fois, nos croyances sont puissantes. La femme croyait qu'elle pouvait se départir des croyances qui causaient sa peur, et elle l'a fait. Mais elle ne savait pas que la peur était la cause de son cancer. Lorsqu'elle s'est débarrassée de sa peur, elle s'est en même temps débarrassée de son cancer. Il n'avait plus sa place dans son corps. Elle avait consciemment pris le contrôle de sa vie en choisissant de consulter Jonathan et de s'attaquer à ses croyances négatives. Elle savait que sa vie pouvait être différente.

Les croyances sont le moyen par lequel nous créons la réalité. Je ne sais trop comment vous l'expliquer d'une façon sensée. Vous avez probablement remarqué que les gens semblent avoir des problèmes récurrents. Vous êtes-vous déjà demandé pourquoi un individu a toujours le même problème? Celui qui a des soucis financiers tire toujours le diable par la queue. Celui qui a des difficultés relationnelles entretient toujours des rapports tumultueux avec les autres. C'est comme si chacun d'entre nous se spécialisait dans un problème en particulier.

Les croyances, inconscientes ou non, créent les événements. Tant que ces croyances ne sont pas dissoutes, les mêmes événements continuent de se produire. Je connais un homme qui a été marié sept fois. Mais il n'a pas encore trouvé l'âme sœur. Il continuera à se marier et à divorcer et à se remarier jusqu'à ce qu'il se défasse des croyances sousjacentes qui modèlent sa vie.

Et pendant qu'il continuera à se marier et à divorcer, il tiendra les autres responsables de ses problèmes, blâmant peut-être même le destin, ou Dieu. Mais comme vous l'avez lu plus tôt : « À moins que vous ne rendiez conscient l'inconscient, ce dernier dirigera votre vie, et vous l'appellerez destin ».

QUELLES SONT VOS CROYANCES ?

Examinez votre vie. Ce que vous avez est la conséquence directe de vos croyances. Vous n'êtes pas heureux ? Vous avez des dettes ? Votre mariage est chancelant ? Vous n'avez pas réussi ? Vous êtes en mauvaise santé ? Il y a des croyances qui créent ces circonstances. En quelque sorte, il y a une partie de vous qui veut qu'il en soit ainsi, qui souhaite tous ces problèmes.

Je me rappelle avoir entendu Anthony Robbins, le gourou de la motivation, parler d'une femme schizophrène qui était dotée d'un dédoublement de la personnalité. Avec l'une de ses personnalités, elle était diabétique, alors qu'avec son autre personnalité, elle était en excellente santé. La femme diabétique avait des croyances qui causaient sa maladie. Il est évident que si vous modifiez vos croyances, vous modifiez la situation.

Comment modifie-t-on des croyances ? Il faut d'abord déterminer ce que l'on veut faire de sa vie. Dès que vous aurez défini ce que vous voulez être, faire, ou avoir, vous découvrirez des croyances qui vous permettront d'arriver à vos fins. Elles feront surface. Elles deviendront vos excuses. Ceci nous ramène à ce dont je parlais plus tôt, c'est-à-dire que l'on peut reformuler nos doléances de manière à ce qu'elles deviennent des buts ou des intentions.

Donc, que voulez-vous ?

Qu'est-ce qui ferait chanter votre cœur ?

Qu'est-ce qui vous ferait danser dans la rue?

Qu'est-ce qui vous ferait sourire rien qu'en y pensant?

Que feriez-vous, sachant que vous ne pouvez pas échouer?

Que voudriez-vous, si vous pouviez avoir n'importe quoi?

PEUT-ON VRAIMENT AVOIR N'IMPORTE QUOI?

Quelles sont les limites de nos désirs?

Je ne suis pas certain s'il y en a. Vous pourriez dire qu'il existe des limites d'ordre physique ou scientifique, mais je crois que ce sont là des limites basées sur les recherches actuelles. À une certaine époque, il était «connu» qu'aucun être humain ne pouvait courir une distance d'un kilomètre et soixante en quatre minutes. Maintenant, nombreux sont ceux qui peuvent le faire. À une certaine époque, nous «savions» que le plomb coulait dans l'eau.

Maintenant, nous construisons des bateaux avec ce matériau. À une certaine époque, tout le monde «savait» qu'il était impossible d'aller sur la Lune. Nous y sommes allés, nous l'avons fait. À une certaine époque, les gens supposaient que les personnes handicapées étaient incapables de pratiquer un sport. Nous avons maintenant les Jeux paralympiques.

La liste ne s'arrête pas là. Encore une fois, je ne suis pas certain que tout soit possible. Je ne suis pas certain que l'on puisse tout avoir. Mais une chose est sûre: les buts, les intentions et les désirs de la personne moyenne qui lit cet ouvrage sont à sa portée. Vous ne savez peut-être pas comment réaliser quelque chose, mais vous savez que votre objectif est atteignable, d'une manière ou d'une autre.

Il suffit tout simplement d'être conscient de ce que les bouddhistes appellent les «fantômes affamés». Ce sont les désirs qui nous gouvernent, plutôt que les désirs que nous gouvernons. Le désir de posséder une nouvelle paire de chaussures alors que nous n'en avons pas besoin peut être un fantôme affamé. Le désir de posséder toujours davantage alors que nous sommes comblés peut être un fantôme affamé. Le désir d'absorber davantage de nourriture alors que nous sommes déjà rassasiés peut également être un fantôme affamé.

«Les fantômes affamés sont gouvernés par un désir insatiable, intense et névrotique», a écrit Dominic Houlder dans son ouvrage intitulé *Mindfulness and Money*. «Névrotique, parce que ce désir insatiable est souvent l'expression déformée d'un autre désir, celui-là inconscient.»

Je ne vous dis pas de faire taire tous vos désirs. Il est bon de désirer quelque chose. C'est ce qui nous motive à nous lever chaque matin, à vivre, à travailler, à grandir, à aimer. Les désirs font partie intégrante de l'être humain. Vous pouvez utiliser le désir pour transcender le désir. Mais vous devez également vous préoccuper de votre esprit. Il peut se comporter comme un singe fou, vous enjoignant d'obtenir ceci, et puis cela, et ne jamais vous laisser en paix.

Vous voulez être à l'affût de ces fantômes affamés. Vous voulez concrétiser les désirs qui naissent en vous, au plus profond de votre être. Lorsque vous puisez en cet endroit, rien n'est impossible, et vous pouvez obtenir tout ce que vous pouvez imaginer. Vous êtes alors en harmonie avec l'univers. À bien des égards, les désirs de l'univers seront vos désirs.

Le fait est que vous pouvez attirer tout ce que vous voulez. Mais une question demeure: vos désirs sont-ils ceux d'un enfant gâté, ceux d'un singe fou assoiffé de pouvoir, ou vos désirs sont-ils le reflet de l'essence même de votre être?

Je connais une femme qui a utilisé les cinq étapes pro-posées dans cet ouvrage afin de gagner de l'argent à Las Vegas. Ses gains ont été extraordinaires. L'accomplissement a été formidable. Mais elle a ensuite fait mauvais usage de cet argent et a finalement dû joindre les rangs d'une association de joueurs anonymes. Elle prête maintenant attention aux fantômes affamés qui vivent en elle, et elle n'a recours à la formule du facteur d'attraction que pour faire le bien autour d'elle.

J'ai déjà utilisé cette formule pour gagner de l'argent à la loterie du Texas. J'ai constaté qu'il fallait dépenser beaucoup d'énergie pour ne gagner que de très petites sommes, et que l'«accomplissement» était inexistant.

Aujourd'hui, je me consacre joyeusement à écrire des livres, à créer des cours et à réaliser des cassettes audio qui me procurent un revenu d'appoint tout en aidant les gens. Je gagne beaucoup d'argent, et je me sens merveilleusement bien. Je suis ma vocation. Je fais une différence dans le monde. Et j'attire la richesse.

Que voulez-vous accomplir de bon pour vous et pour les autres?

FERMEZ LES YEUX

Il y a une vingtaine d'années, j'ai assisté à un séminaire animé par Stuart Wilde, l'auteur du livre intitulé *The Trick to Money Is Having Some* et de nombreux autres ouvrages. J'avais interviewé Stuart pendant le déjeuner, je l'avais trouvé fascinant et il m'avait invité à son séminaire. Un exercice qui a particulièrement retenu mon attention est tout à fait pertinent dans le cadre de la deuxième étape de la formule du facteur d'attraction.

Stuart nous a fait vivre un remarquable voyage dans l'imaginaire. Il nous a demandé de dessiner notre propre silhouette dans un faisceau de lumière blanche. «Utilisez votre doigt ou un rayon», avait suggéré M. Wilde. «Tracez le contour de votre corps dans la lumière blanche.»

J'ai pris conscience de moi-même en remarquablement peu de temps. Je me suis senti détendu dans le moment présent. Toutes les tensions ont évacué mon corps. J'ai lâché prise. Je me suis senti vivant comme jamais auparavant.

«Tracez maintenant un trait de lumière en partant du sommet de votre tête jusqu'au sol devant vos pieds.»

Je l'ai fait. Cela m'a fait penser à une allée de promenade pour fourmis. Et je ne sais pour quelle raison, je me suis rappelé cette blague à propos de deux patients qui éprouvaient des problèmes de santé mentale et qui voulaient s'échapper de leur prison. L'un propose d'allumer sa lampe de poche afin que l'autre puisse s'enfuir en marchant sur le rayon de lumière. L'autre dit : «Me prends-tu pour un fou? Quand je serai arrivé à mi-chemin, tu éteindras la lampe!»

Stuart Wilde nous a ensuite demandé de créer une image mentale de nous-mêmes et de la miniaturiser.

«Faites déambuler cette image le long du rayon lumineux, du sommet de votre tête jusqu'au sol», nous a intimé Stuart.

J'ai suivi ses instructions. «Petit Joe» a marché le long de mon faisceau mental et a posé le pied sur le sol. J'ai observé en esprit cette minuscule image de moi en train de marcher autour de mes chaussures et de regarder tout autour d'elle dans la pièce.

«Observez ce que fait votre image», a dit M. Wilde.

Mon petit bonhomme semblait légèrement confus. Il avait décidé qu'il ne savait pas où aller ni quoi faire. Il s'est donc assis sur le bout de l'une de mes chaussures et il a regardé Stuart, tout comme je le faisais.

Quelques minutes plus tard, Stuart Wilde nous a demandé de faire remonter notre double le long du faisceau lumineux, de le ramener à sa taille réelle et de lui faire réintégrer notre corps.

«Comment avez-vous trouvé cette expérience?» a-t-il demandé à tous les participants.

Un homme de grande taille s'est levé et a dit: «C'était déroutant. Mon image miniature ne savait pas quoi faire.

— Est-ce que vous savez ce que vous voulez faire? lui a demandé Stuart Wilde.

— Eh bien, euh, je le crois.

— Quelqu'un d'autre? a demandé M. Wilde.

— Mon image miniature a eu du plaisir. Elle a couru partout et a cherché des pièces de monnaie sur le plancher.

— Formidable! a dit Stuart Wilde. Quelqu'un d'autre?

— Mon petit moi s'est assis sur l'une de mes chaussures et n'a rien fait, ai-je dit.

— Pourquoi n'a-t-il rien fait? m'a demandé M. Wilde.

— Je suppose qu'il voulait savoir quoi faire.

— Êtes-vous tiraillé entre le bien et le mal, Joe? Si votre petit moi ne savait pas quoi faire, peut-être craignait-il de poser un geste avant d'avoir la certitude que c'était la bonne chose à faire. Est-ce ainsi que vous vivez votre vie?

— Je ne sais pas, ai-je répondu.

– Pensez-y, a dit Stuart Wilde. Quelqu'un d'autre ? »

Ce petit exercice d'imagerie a été révélateur. Quoi qu'ait fait, ou n'ait pas fait, le petit personnage à l'extrémité du faisceau de lumière, il a révélé quelque chose au sujet de la façon dont nous agissons jour après jour dans notre vie. Grâce à ce seul exercice, nous avons tous appris quelque chose à propos de nous-mêmes. À compter de ce moment, il y a environ vingt ans, j'ai commencé à accorder davantage d'attention à mes propres désirs.

Vous pourriez utiliser cet exercice d'imagerie pour voir comment votre « moi miniature » réagirait. Et vous pourriez ensuite vous demander si vous êtes honnête à propos de ce que vous voulez vraiment dans la vie. Comme vous le verrez dans la section suivante, on sait toujours ce que l'on veut. Mais on ne l'admet pas toujours.

QUE FAIRE SI VOUS NE LE SAVEZ TOUJOURS PAS ?

Des gens me disent parfois : « Je ne sais pas ce que je veux. »

Je connais ces gens. J'ai déjà été comme eux. Lorsque j'ai demandé à Robert Anthony, Ph.D., l'auteur de nombreux best-sellers et d'un merveilleux cours sur cassettes audio intitulé *Beyond Positive Thinking* : « Que dites-vous aux gens qui affirment ne pas savoir ce qu'ils veulent ? » Il m'a répondu : « Je leur dis qu'ils mentent. »

Et il a raison.

Vous savez ce que vous voulez. Vous le savez en ce moment même. Si vous faites partie de ces quelques personnes qui disent ne pas savoir ce qu'elles veulent, vous vous mentez à vous-même. À quelque part à l'intérieur de vous, cachés sous ce que vous êtes prêt à admettre, se trouvent vos désirs. Vous ne les avez tout simplement pas encore formulés.

Robert Anthony m'a dit : « Nous savons tous ce que nous voulons. Certains d'entre nous ont tout simplement peur de l'admettre. Mais une fois cette étape franchie, les gens doivent accepter le fait qu'ils n'ont pas ce qu'ils désirent.

Ils doivent commencer à agir de manière à obtenir ce qu'ils veulent ou ils devront trouver des excuses pour expliquer leur immobilisme. Les deux situations peuvent être une source d'inconfort. Pour continuer à se sentir en sécurité, les gens mentent. »

Vous avez l'occasion de faire une réalité de vos désirs. Cet ouvrage vous propose une formule spirituelle infaillible qui mène tout droit à la réussite. Les cinq étapes du facteur d'attraction ont déjà fait leurs preuves. Fort de cette information, pourquoi ne pas admettre ce que vous voulez vraiment ?

N'est-il pas temps de le faire ?

PENSEZ COMME DIEU

Il y a de nombreuses années, j'ai prononcé un discours intitulé : « Comment penser comme Dieu ». J'y racontais l'histoire de gens qui avaient été guéris de la cécité et de l'autisme, ou qui étaient devenus très prospères, alors que rien de tout cela ne semblait possible.

J'avais ensuite enjoint les membres de l'auditoire de retirer leurs œillères, de transcender leurs limites mentales, et de penser comme s'ils avaient des pouvoirs surhumains, voire divins. Les gens ont adoré mon discours.

Il leur a permis de relâcher leurs contraintes de manière à voir plus grand qu'ils ne l'avaient jamais fait. Dieu ne s'inquiète pas, ne doute pas, ne vacille pas, ne diffère pas, ne reste pas immobile, ou ne limite pas ses rêves. Après tout, que feriez-vous si vous aviez tous les pouvoirs de Dieu ?

Peu importe votre perception de Dieu, vous admettrez probablement que vous le voyez comme un être doté d'immenses pouvoirs qu'aucune limite ne peut entraver. Eh bien, si vous pensiez comme ce Dieu, que souhaiteriez-vous pour vous-même ? Que souhaiteriez-vous pour le monde ?

COMMENCEZ ICI

Prenez une feuille de papier pour écrire ce que vous voulez être, faire, ou avoir. Une étude réalisée par l'auteur Brian Tracy a révélé que les gens qui couchent leurs désirs sur papier, et qui mettent ensuite cette liste de côté, découvrent un an plus tard que quatre-vingts pour cent de leurs souhaits se sont réalisés.

Mettez vos désirs par écrit !

Avez-vous inscrit plusieurs buts ?

Parfois, les gens se sentent trop gourmands lorsqu'ils commencent à demander ce qu'ils veulent. Ils ont le sentiment d'en enlever aux autres. La meilleure façon de contrer cette croyance restrictive est d'être certain de vouloir que les autres réussissent aussi.

En d'autres termes, si vous voulez une nouvelle maison mais ne souhaitez pas la pareille à votre voisin, vous êtes prisonnier de votre ego, et vous faites preuve de cupidité. Mais si vous voulez une nouvelle maison et pensez que tout le monde en mérite une, vous êtes alors en harmonie avec l'esprit créateur, et vous serez poussé ou dirigé vers cette nouvelle maison. Vous l'attirerez.

Voyez-vous, il n'y a pas véritablement de pénurie dans le monde. L'univers est plus grand que votre ego et peut offrir bien plus que ce que vous pouvez demander. Notre tâche consiste à demander ce que nous voulons, avec simplicité et honnêteté, sans tenter de blesser ou de contrôler les autres.

N'adressez jamais une requête à une personne en particulier. Permettez à l'univers, au pouvoir qui se trouve en toute chose, de choisir la bonne personne, le bon endroit, et le bon moment. Votre tâche consiste tout simplement à formuler votre intention.

Le désir qui naît en vous est le produit de votre esprit intérieur. Prenez une autre feuille de papier et honorez votre esprit intérieur en inscrivant ce que vous voulez vraiment avoir, faire, ou être :

Et maintenant, qu'est-ce qui serait encore mieux que ce que vous venez de définir ?

Autrement dit, si vous avez écrit : « Je veux avoir cinquante mille dollars à la banque d'ici les vacances », demandez-vous ce qui surpasserait cet objectif. Ne préféreriez-vous pas avoir des économies de cent mille dollars ? Il s'agit de voir un peu plus grand tout en demeurant honnête avec vous-même.

Toujours sur une feuille de papier, notez ce qui serait encore mieux que les désirs que vous avez déjà formulés.

Inscrivez maintenant un but ou une intention, quelque chose que vous aimeriez vraiment avoir, faire, ou être.

La clarté de l'intention apporte le pouvoir. Relisez vos listes et voyez quels buts vous sautent aux yeux. Quel but ou quelle intention renferme le plus d'énergie ? Un but devrait vous faire un peu peur et susciter beaucoup d'excitation en vous.

Et n'oubliez pas que vous pouvez toujours combiner plusieurs buts. Il n'y a pas de mal à formuler vos désirs ainsi : « D'ici Noël, je veux peser cinquante-cinq kilos, posséder une Corvette flambant neuve, et avoir cinquante mille dollars à la banque. »

Inscrivez maintenant sur cette même feuille l'intention la plus puissante que vous puissiez formuler.

Voici la prochaine étape :

Mettez par écrit votre intention comme si elle avait toujours été une réalité.

Par exemple : « D'ici Noël, je veux peser cinquante-cinq kilos, posséder une Corvette flambant neuve, et avoir cinquante mille dollars à la banque » devient alors : « Je pèse maintenant cinquante-cinq kilos, je possède une Corvette flambant neuve, et j'ai cinquante mille dollars à la banque ! »

Vous préférerez peut-être l'approche proposée par Robert Anthony dans son programme audio intitulé *Beyond Positive Thinking*. Il affirme que l'énoncé peut être plus puissant s'il est formulé ainsi : « Je choisis maintenant de peser cinquante-cinq kilos, de posséder une Corvette flambant neuve, et d'avoir cinquante mille dollars à la banque ! »

Faites-le maintenant. Reformulez votre but au temps présent, en prétendant que vous avez déjà ce que vous voulez, et en utilisant le verbe « choisir » si vous le désirez.

Avant d'aller plus loin, ajoutez un autre bout de phrase à votre requête. Ajoutez-y le segment suivant : « ceci ou quelque chose de mieux ».

Ce segment est la porte de sortie qui vous permet de vous dissocier de votre ego. Si vous insistez pour obtenir tout ce que vous voulez, vous êtes l'esclave de votre ego. Comme vous le verrez dans la cinquième étape, le fait de lâcher prise est un élément important du succès.

Le véritable secret pour obtenir tout ce que vous voulez est de «vouloir sans besoin». Nous éclaircirons ce concept plus tard. Pour l'instant, ajoutez cette phrase libératrice : «ceci ou quelque chose de mieux» à la formulation de votre but.

Faites-le maintenant sur la feuille utilisée précédemment.

Maintenant, avant de conclure le processus, assurons-nous que ce but ou cette intention sont appropriés. Il y a une façon de vérifier la valeur de votre intention. Voici comment.

Vous adorerez cet exercice !

PERMETTEZ À VOTRE CORPS
DE DIRE CE QU'IL PENSE

La majorité des gens qui font un test musculaire n'emploient pas la bonne technique. Je vous expliquerai ce qu'il en est, et puis je vous enseignerai comment vous y prendre adéquatement.

Le test musculaire, ou kinésiologie appliquée, est un moyen de poser des questions à votre corps. En résumé, si votre corps est envahi par une sensation de lassitude lorsque vous lui demandez quelque chose, ce quelque chose est mauvais pour vous. Si votre corps demeure fort, ce quelque chose est bon pour vous.

Vous avez peut-être déjà été témoin d'un tel exercice. Habituellement, le sujet se tient debout, un bras levé et parallèle au sol, alors qu'une autre personne lui fait face. Le partenaire pose une main sur l'épaule du sujet et l'autre main sur le bras qui est en extension.

Pendant que le sujet pense à quelque chose, son partenaire exerce une pression vers le bas sur son bras. Si le bras fléchit, c'est que le sujet pensait à quelque chose qui les affaiblissait tous les deux. Si le bras demeure fort, le sujet pensait à quelque chose de mutuellement positif.

C'est là une explication très simplifiée d'un processus complexe. Mais cela en donne une bonne idée. De nombreux auteurs, dont le Dr David Hawkins (*Power vs. Force*), et Aline Lévesque et Hedwige Flückiger (*La Tendresse… Chemin de guérison des émotions et du corps par la psycho-kinésiologie, science de la tendresse)*[1] ont décrit leurs travaux portant sur un grand nombre de sujets, allant des individus à la théorie, en passant par diverses époques de l'histoire.

Ce sont des lectures passionnantes. Elles ont donné naissance à un mouvement au sein duquel des auteurs à succès tels que Wayne Dyer vantent les avantages du test musculaire.

Mais encore une fois, ce test est généralement fait incorrectement. Les gens peuvent sourire et rejeter un test. Ils testent des produits en les soupesant alors qu'ils devraient les tenir sur leur plexus solaire pour obtenir une réponse exacte. Ils appuient trop fort, ou avec la main tout entière, sans parler de nombreuses autres erreurs. Si vous faites correctement le test musculaire, vous pourrez déterminer si vos buts sont bons pour vous. Sinon, vous vous tromperez vous-même et cheminerez le long d'une voie qui n'est pas la vôtre.

Donc, comment fait-on correctement un test musculaire?

LA BONNE FAÇON DE FAIRE LE TEST

Premièrement, les deux partenaires doivent être détendus.

---

1. Publié aux éditions Un monde différent, Brossard, Québec, 2004, 208 pages.

C'est-à-dire qu'ils doivent être concentrés, calmes et ouverts. On peut voir tout de suite que cela peut représenter un problème. Peu de gens sont concentrés, calmes et détendus. Celui qui vous fait passer le test se doit de l'être, car sinon il pourrait influer inconsciemment sur les résultats. Il est facile de se détendre:

- Vous pouvez boire un grand verre d'eau.

- Vous pouvez vous tapoter la poitrine, sur le thymus (région au-dessus du cœur).

- Vous pouvez vous tapoter le dessous de la main gauche (tranchant de la main servant au coup de karaté) tout en disant: «Je m'aime profondément, je m'accepte et je me pardonne».

Toutes ces méthodes vous apporteront la détente, afin que vous puissiez obtenir une réponse exacte. Les deux personnes qui effectuent un test musculaire doivent franchir cette étape.

Deuxièmement, vous devez procéder à un essai de contrôle. Autrement dit, si vous êtes le sujet, la personne qui appuiera sur votre bras doit d'abord vous poser une question qui exige une réponse neutre. Par exemple: «Je m'appelle Jean» (si vous vous appelez Jean) représente un essai valide. Évidemment, vous devriez réagir en demeurant fort. Si ce n'est pas le cas, revenez à l'étape de la détente.

Troisièmement, la personne qui exerce cette pression sur votre bras ne doit utiliser que deux doigts et ne donner qu'une seule impulsion, brève et ferme. Ceci n'est pas une épreuve de force ni un concours.

LA MÉTHODE DU TEST EN SOLO

Il existe également un moyen de réaliser ce test sans l'aide d'un partenaire. J'ai exposé cette méthode dans mon livre électronique intitulé *Hypnotic Marketing*. Voici la marche à suivre :

La meilleure méthode que je connaisse est celle-ci :

Tendez la main gauche, les doigts écartés, comme si vous étiez sur le point de saisir un gros pamplemousse.

Ensuite, avec le pouce et l'index de la main droite, touchez le pouce et l'auriculaire de la main gauche.

Vous me suivez ? Vous devriez avoir la main gauche grande ouverte, le pouce droit sur votre pouce gauche, et l'index droit sur l'auriculaire gauche. Ça y est ?

Maintenant, il s'agit de joindre le pouce et l'auriculaire gauches en exerçant une pression de la main droite alors que la gauche résiste.

Essayez dès maintenant.

Vous ne devriez pas avoir eu de difficulté à résister à la pression.

Maintenant, pensez à une chose négative (Hitler fonctionne à tout coup) et tentez de résister à la pression exercée par votre main droite.

Votre pouce et votre auriculaire devraient avoir fléchi.

Ensuite, pensez à une chose agréable (votre animal domestique préféré, par exemple) et tentez de résister.

Votre pouce et votre auriculaire devraient demeurer forts et espacés.

Vous comprenez comment cela fonctionne? Je sais que tout ceci doit vous paraître bien étrange. Mais personne ne vous regarde, et personne n'en dira rien. Alors, continuons.

TESTEZ VOTRE BUT

Vous disposez maintenant de l'essentiel pour réaliser un test musculaire. Vous pouvez maintenant tester le but que vous avez mis par écrit. Il devrait vous rendre fort. Si ce n'est pas le cas, songez à le reformuler et testez-le à nouveau. Vous voulez que ce but soit bon pour vous. Le test musculaire est l'une des techniques permettant de vérifier si le but choisi nous convient. Si c'est le cas, il sera plus facile à attirer.

Prenez encore une fois une feuille de papier, inscrivez-y votre but, et puis réalisez le test musculaire.

S'il vous faut reformuler votre but, faites-le également.

NE PERDEZ PAS DE VUE VOTRE INTENTION

Vous pouvez maintenant inscrire votre but sur une petite fiche et la mettre dans votre poche ou votre sac. Ce faisant, vous vous rappellerez inconsciemment votre intention à vous-même. Votre esprit vous poussera alors dans la bonne direction, de manière à ce que votre but devienne une réalité.

Alors détendez-vous. Vous venez de planter une graine dans votre esprit. La suite de cet ouvrage vous enseignera comment l'arroser, lui donner du soleil, la débarrasser des mauvaises herbes et l'aider à grandir.

Préparez-vous à attirer des miracles dans votre vie!

« La prospérité est l'habileté à faire ce que l'on veut au moment où on veut le faire. »

Raymond Charles Barker
Treat Yourself to Life, 1954

Troisième étape :
Le secret manquant

J'animais un service de vidéocommunication avec un ami œuvrant dans le domaine du marketing. Nous disions à nos correspondants à quel point il est important de se méfier de l'autosabotage dans notre vie. Plutôt imbus de nous-mêmes, nous leur disions que leurs croyances inconscientes créaient leur réalité, et que s'ils ne définissaient pas clairement leurs intentions, ils pouvaient aller droit à l'échec.

À mi-parcours, nous leur avons présenté notre invité-surprise de la soirée. C'était un célèbre gourou, venu d'un autre pays, qui axait son enseignement sur les efforts personnels. Il a pris la parole et il s'est empressé de réfuter ce que mon partenaire et moi venions d'affirmer.

« Puis-je transposer tout cela à un autre niveau ? a-t-il demandé.

– Mais bien sûr, vous êtes le gourou.

– Il n'est pas nécessaire de déterrer votre passé ou de modifier votre inconscient, a-t-il commencé. Il suffit de vous concentrer sur ce que vous voulez et de ne jamais perdre de vue votre objectif. »

J'étais tout à fait d'accord avec lui, mais je me demandais également comment il pouvait espérer que les gens «perpétuent le moment», le plus grand défi spirituel de tous les temps. Mais je me suis tu et j'ai laissé notre invité discourir sur ses croyances.

«J'ai déjà été thérapeute et j'ai rapidement réalisé que c'était une perte de temps que de sonder le passé d'un patient pour y chercher la cause des résultats qu'il obtient dans la vie, a-t-il expliqué. Il suffit d'être à l'écoute de vos sentiments. Si vous vous sentez bien, allez dans cette direction. Si vous avez un mauvais pressentiment, n'allez pas plus loin.»

J'étais d'accord avec tout ce que disait notre invité, mais je me demandais s'il ne voyait qu'un aspect de la situation. Je commençais à avoir l'impression qu'il faisait la même erreur que tous les autres gourous œuvrant dans les sphères de la détermination d'objectifs, de l'auto-amélioration et du nouvel âge. Il me fallait donc lui poser quelques questions.

«Qu'arrive-t-il si une personne se fixe un but, prête attention à ses sentiments à tout instant, et n'obtient tout de même pas les résultats escomptés?

– C'est donc qu'elle a un conflit avec son subconscient, a-t-il répondu. Elle doit renoncer à ce but et en choisir un autre dans lequel elle peut croire.

– Donc, nous revenons au besoin de mettre au jour nos croyances et de définir clairement nos intentions, ai-je dit.

– Eh bien, cela n'est pas vraiment nécessaire. Il suffit de connaître notre intention, d'être à l'écoute de nos sentiments, et de nous adapter aux circonstances à chaque instant.»

Notre ami gourou était dans l'erreur. Et d'après ce que j'ai pu constater, c'est le cas de presque tous les conférenciers qui traitent actuellement de la concrétisation des rêves.

Qu'en est-il exactement?

Permettez-moi de vous l'expliquer…

SPOT ET LA LIBERTÉ

Spot était un chien errant que j'ai adopté lorsque j'étais étudiant à l'université. Mais il avait la mauvaise habitude de se sauver, de saccager le jardin de mon voisin, de courir dans la rue et d'obliger les automobilistes à freiner brusquement; bref, il était insupportable. Je l'ai donc attaché à une courte laisse. Mais je me sentais coupable de ne lui accorder qu'un mètre de liberté.

J'ai donc acheté une laisse plus longue (deux mètres de liberté), et j'y ai attaché Spot. Je me suis ensuite éloigné de deux mètres et je l'ai appelé. Il s'est avancé vers moi, mais en s'arrêtant après avoir franchi une distance d'un mètre. Il refusait de dépasser la frontière établie par son ancienne laisse. J'ai dû m'approcher de lui, l'entourer de mon bras et l'encourager à franchir la distance restante. Il a ensuite utilisé toute la longueur de la laisse.

Je crois que nous fixons tous une limite à notre liberté. Nous avons besoin d'un «guide en miracles» pour nous aider à comprendre que, en réalité, rien ne nous limite. C'est ce que Jonathan Jacobs apprend à ses clients. Mais il le fait d'une manière qui peut sembler très étrange. Restez assis et permettez-moi de tenter de vous donner une explication…

TOUCHER LE CIEL

Je ne savais pas à quoi m'attendre lors de ma première séance avec Jonathan. Je trouvais l'homme un peu bizarre parce qu'il n'arrivait pas à décrire ce qu'il faisait. Mais j'étais habité de la curiosité du journaliste depuis de nombreuses années, et j'ai décidé d'aller de l'avant.

« Quelle est votre intention pour cette séance ? m'a demandé Jonathan.

– Que voulez-vous dire ?

– Vous pouvez avoir tout ce que vous voulez. Sur quoi voulez-vous vous concentrer ? »

J'ai réfléchi un instant et puis j'ai parlé.

« Je veux davantage de certitude quant à l'orientation du livre que je suis en train d'écrire sur Bruce Barton.

– Quelle sorte de certitude ?

– Je veux savoir ce que je devrai faire ensuite, ai-je dit.

– D'accord. Montons à l'étage. »

Jonathan m'a demandé de m'étendre sur sa table de massage. Il m'a doucement amené à respirer en différentes couleurs.

« Aspirez la couleur rouge et faites remonter cette couleur jusqu'au sommet de votre tête. Imaginez qu'elle se répand partout dans votre corps, jusqu'à vos pieds. »

Nous avons répété l'exercice avec de nombreuses couleurs.

« Quelle autre couleur avez-vous besoin de respirer », a-t-il demandé.

J'ai nommé le gris. Il m'a alors demandé d'aspirer cette couleur. Après plusieurs minutes de respiration profonde et de détente, Jonathan a posé la main sur ma poitrine et a dit : « Ouvrez votre cœur. »

Alors que je ne faisais rien consciemment, j'ai senti une décharge d'électricité et d'énergie me traverser tout entier, m'aveuglant presque. C'était une lumière intense qui s'engouffrait dans mon corps, éclatait dans ma tête, illuminant en quelque sorte l'intérieur de mon crâne.

Soudain, j'ai senti en moi la présence d'anges, d'esprits, de guides. Je ne sais pas comment l'expliquer. Mais c'était réel. Je le sentais. Je savais qu'ils étaient là. Et ces êtres m'ont en quelque sorte pris en charge, altérant mes croyances, m'aidant à comprendre que j'avais une « laisse » plus longue que je ne l'avais cru jusqu'alors.

Je ne sais pas exactement combien de temps je suis demeuré dans cet état second. Vingt minutes ? Une heure ? Je ne sais pas. Lorsque je me suis rassis sur la table, j'ai remarqué qu'une larme coulait sur la joue de Jonathan. Lorsque l'énergie avait surgi en moi, il s'était éloigné pour la laisser faire son œuvre. Mais la beauté et le miracle dont il avait été témoin l'avaient ému. Il pleurait.

Alors que mes idées s'éclaircissaient, je me suis rendu compte que je connaissais la prochaine étape qu'il me faudrait franchir dans mon projet d'écriture. Je me rendrais dans le Wisconsin et je poursuivrais mes recherches en consultant les documents personnels de Bruce Barton au musée historique. J'avais trouvé mon intention.

Et ce n'est pas tout.

Peu de temps après cette première séance avec Jonathan, j'ai constaté que d'autres changements se produisaient dans ma vie. Le livre sur lequel je travaillais a commencé à prendre forme, et il est devenu *The Seven Lost Secrets of Success*. J'ai déniché un éditeur. J'ai trouvé l'argent nécessaire pour terminer mes recherches. J'ai acheté une nouvelle voiture. J'ai acheté une nouvelle maison. Mes revenus ont grimpé en flèche.

Comment? Pourquoi?

J'avais demandé de l'aide de l'autre côté, et je l'avais obtenue.

UN CHOIX JUDICIEUX

Pendant que j'écris ces lignes, je suis très conscient du fait que vous me croirez peut-être fou. Après tout, voilà que je vous parle d'« esprits », moi, un adulte, un auteur, un conférencier d'assez grande renommée et un spécialiste du marketing qui conseille les gens d'affaires.

Mais je sais également que vous savez ce que je veux dire. Même le plus athée d'entre nous a été touché par le miraculeux, le bizarre, ou l'inexplicable. Bien qu'aucun d'entre nous ne sait ce qui l'attend de l'autre côté de cette vie, nous avons tous tendance à croire que quelque chose d'intelligent s'y trouve.

Il vaut peut-être la peine de mentionner que le livre qui m'a le plus aidé s'intitule *What Can A Man Believe?* L'auteur, Bruce Barton, y explique que rien ne prouve qu'il existe un paradis après la vie sur terre, mais qu'il est plus sage d'y croire que de ne pas y croire.

Autrement dit, bien que je sois incapable de prouver que des anges et des guides sont prêts à m'aider, n'est-il pas beaucoup plus agréable, réconfortant et magique de croire en eux que de ne pas y croire? Il n'y a pas de preuve concrète de leur existence ou de leur non-existence. Mais lorsqu'on peut utiliser notre croyance en leur existence pour créer des miracles, n'est-ce pas là un choix judicieux?

CE PETIT QUELQUE CHOSE DE MYSTÉRIEUX

Hier, l'une de mes amies m'a téléphoné et m'a dit qu'elle voulait croire en ces guides, ces anges et ces professeurs qui évoluent dans la sphère spirituelle de la vie, mais qu'une partie d'elle-même doutait de leur existence.

« Ce n'est pas grave, ai-je dit. J'ai moi-même des doutes.

— Toi aussi ?

— Bien sûr, ai-je dit. S'il fallait que je me présente devant un tribunal et que j'aie à prouver que j'ai eu des esprits comme guides, on me rirait au nez et on m'expulserait. Rien ne prouve qu'ils soient là, mais rien ne prouve non plus qu'ils n'existent pas. »

Et puis, je me suis rappelé quelque chose que j'avais lu dans le *Reader's Digest*, un article dans lequel Larry Dossey parlait de la prière. Il disait que la prière favorise la guérison. Dans bien des cas, des gens ont ainsi recouvré la santé alors qu'ils souffraient d'une maladie que les médecins qualifiaient d'« incurable ».

Ces patients avaient prié. Ils admettent ne pas savoir si leurs prières ont été entendues, mais que c'est le fait de croire en la prière et en l'acte lui-même qui les a aidés. Encore une fois, comme l'a souligné Bruce Barton, il est plus sage de croire que de ne pas croire. C'est en croyant que l'on crée des miracles.

Bruce Barton a écrit ce qui suit en 1927, dans un ouvrage intitulé *What Can A Man Can Believe?* J'adore ce passage, car il me touche profondément. Voyons ce qu'il éveille en vous :

«Chez tout être humain, qu'il soit empereur ou cow-boy, prince ou indigent, philosophe ou esclave, il y a un petit quelque chose de mystérieux qu'il ne comprend pas ni ne contrôle. Ce petit quelque chose peut parfois dormir en lui si longtemps qu'il en oublie son existence ; il peut être à ce point réprimé que l'homme le croit disparu à tout jamais.

«Mais un soir, il est seul dans le désert sous un ciel étoilé ; un jour, il est debout devant une tombe ouverte, la tête inclinée et les yeux humides ; ou bien il vient une heure où il s'agrippe désespérément au bastingage humide d'un navire secoué par la tempête, et soudain, des profondeurs oubliées de son être, ce petit quelque chose surgit. Il bouscule ses habitudes ; il fait taire la raison, et avec une voix qu'il ne fera pas taire, ce petit quelque chose hurle ses questions et ses prières. »

Supposons donc que vous n'avez pas accès à un guérisseur tel que Jonathan (mais vous pouvez toujours trouver d'autres guérisseurs et mentors en communiquant par courrier électronique avec les gens dont les noms figurent à la fin de cet ouvrage). Que pouvez-vous faire ?

C'est facile. Concentrez-vous sur ce que vous voulez, et faites de l'une de vos intentions le désir de trouver quelqu'un qui saura vous aider à vous débarrasser de vos vieilles croyances et à créer la vie que vous souhaitez. Cette aide existe. Annoncez votre intention à l'univers, et permettez-lui de venir à vous.

J'estime qu'il est important de bénéficier de l'appui d'un mentor. Il est trop facile de retrouver notre ancienne façon de penser, de s'apitoyer sur notre sort et de jouer à la victime. La grande majorité de vos amis actuels ne soutiendront probablement pas votre désir de créer des miracles.

Lorsque j'ai commencé à consulter Jonathan, je le voyais une fois par mois. Mais nous nous sommes rapidement rendu compte qu'il nous fallait garder le contact au moins une fois par semaine. Jonathan et moi avons fait le pacte suivant : « Chaque fois que je me sentirais confus, je lui téléphonerais. » Par la suite, chaque fois que je me suis senti perdre pied et m'engager sur une pente descendante, je l'ai appelé.

Récemment, une femme m'a demandé ce que signifiait se « libérer » de ses croyances. J'ai dû réfléchir un instant avant de pouvoir lui donner une réponse. L'image qui me venait à l'esprit était celle d'une équipe de football. Si l'un des joueurs a mal, est contrarié, se sent négligé, est en colère parce que l'entraîneur l'a brusqué un peu plus tôt, ou que sa petite amie l'a laissé tomber, ce joueur peut nuire au succès de l'équipe tout entière.

Vous êtes comme cette équipe de football. S'il y a un équilibre entre votre être tout entier et l'ensemble de vos croyances, tout ira bien. Vous attirerez la richesse. Mais si une seule partie de vous-même, une seule de vos croyances n'est pas en harmonie avec votre intention, cela vous nuira.

C'est peut-être pour cette raison que vous n'avez pas eu de chance en amour et sur le plan professionnel, ou que votre santé est chancelante. Une partie de vous-même ne le souhaitait pas. Vous devez la guérir. C'est la seule façon de vous libérer.

Et lorsque vous serez libre et lucide, vous pourrez attirer tout ce que vous pouvez imaginer.

ÊTES-VOUS LUCIDE ACTUELLEMENT ?

Comment savoir si vous êtes lucide actuellement ?

Pensez à quelque chose que vous voulez avoir, faire, ou être.

Pourquoi n'avez-vous pas encore concrétisé ce désir?

Si votre réponse a un aspect négatif, c'est que vous n'avez pas libéré votre esprit de ses vieilles croyances. Si vous répondez autre chose qu'un honnête: « Je sais que cela me sera bientôt accordé », vous n'avez probablement pas clairement défini ce que vous souhaitez.

Posez-vous également cette question: « *Si je n'ai pas ce que je veux, qu'est-ce que cela signifie?* »

Votre réponse à cette question révélera vos croyances. Par exemple, si vous dites: « Je dois tout d'abord faire ceci ou cela », alors vous croyez que vous avez quelque chose à accomplir avant de pouvoir obtenir ce que vous souhaitez.

Si vous dites: « Mon âme ne veut pas que j'aie ceci », alors vous formulez vos croyances à propos de ce que vous pensez que votre âme veut pour vous.

Si vous dites: « Je ne sais pas comment m'y prendre pour obtenir ce que je veux », alors vous révélez une croyance selon laquelle vous devez savoir comment parvenir à vos fins avant de pouvoir obtenir ce que vous voulez.

En vérité, rien n'a de signification en soi. Vous et moi donnons une signification aux événements et appelons cela la vérité. Mais cette interprétation révèle nos croyances. Parfois, ces croyances nous servent, et parfois elles nous nuisent.

COMMENT DÉCOUVRIR NOS CROYANCES

Découvrir ses croyances n'est pas si difficile.

Premièrement, il faut comprendre ce qu'est une croyance. Selon Bruce Di Marsico, créateur de l'Option Method, un brillant outil d'exploration des croyances: « Une croyance est la supposition que quelque chose est vrai, que c'est un fait.

Une croyance n'est pas un résultat, elle est créée par choix. Une croyance au sujet de l'existence d'une chose n'est pas synonyme de son existence. »

En d'autres termes, une chemise n'est pas une croyance. C'est un fait. C'est une chose qui existe. Mais c'est une croyance que d'affirmer qu'une chemise est bonne ou n'est pas bonne pour vous.

Mandy Evans, auteure spécialisée en auto-assistance et adepte de l'Option Method, dit que certaines croyances peuvent gâcher une journée. *Les croyances causent le stress, et non les événements professionnels ou personnels de votre vie. C'est votre perception des événements qui modèle votre état d'esprit.*

« Il y a ce qui vous est arrivé dans la vie, et puis il y a la signification que vous avez donnée à ces événements, m'a déjà dit Mandy, un jour que nous dînions ensemble. Elle est l'auteure de *Travelling Free: How to Recover from the Past by Changing Your Beliefs.*

« Modifiez vos conclusions ou vos croyances par rapport aux événements de votre passé, explique-t-elle, et vous pourrez modifier la façon dont vous vivez votre vie aujourd'hui. Certaines croyances peuvent réellement entraver notre cheminement.

« Les croyances modèlent la façon dont nous nous sentons, dont nous pensons et dont nous agissons », ajoute Mandy, qui est spécialiste des systèmes de croyances personnelles. Mais on peut rarement modifier ces systèmes de croyances avant de les avoir déterminés. Elle propose une liste des « vingt croyances les plus trompeuses » dans *Travelling Free*, son deuxième ouvrage, une liste qui peut servir de point de départ à notre exploration.

« En vous penchant sur chaque croyance, demandez-vous si vous y croyez, suggère-t-elle. Si oui, demandez-vous ensuite pourquoi vous y croyez. Examinez en douceur les raisons qui vous poussent à entretenir ces croyances restrictives. »

Voici dix de ces vingt croyances les plus trompeuses.

1. « Je ne mérite pas d'être aimé. »

2. « Peu importe ce que je fais, je suis toujours dans l'erreur. »

3. « Si cela n'est pas encore arrivé, cela n'arrivera jamais. »

4. « Si vous me connaissiez vraiment, vous ne voudriez pas de moi. »

5. « Je ne sais pas ce que je veux. »

6. « Je dérange les gens. »

7. « La sexualité est sale et obscène ; gardez-la pour la personne que vous aimez. »

8. « Mieux vaut cesser d'avoir des désirs ; on évite ainsi les déceptions. »

9. « Si j'échoue, je me sentirai mal très longtemps et j'aurai peur de faire une autre tentative. »

10. « Je devrais déjà avoir réussi. »

Tous ces énoncés sont des croyances. Nous avons parfois besoin d'une aide extérieure pour les mettre en évidence. Un jour que mon amie Linda et moi prenions le petit-déjeuner ensemble après que je l'aie engagée pour m'aider dans mes activités de promotion, elle a dit : « J'ai bien peur que certains de mes amis ne soient jaloux.

– C'est une croyance », ai-je dit.

Linda a écarquillé les yeux et son visage s'est animé.

« Vraiment ? » a-t-elle demandé.

Il ne lui était jamais venu à l'esprit que sa peur était une croyance, une croyance dont elle pouvait se débarrasser. Elle avait besoin d'une aide extérieure pour mettre cette croyance en perspective.

Voici un autre exemple pour illustrer mes propos.

COMMENT SE PROCURER UNE NOUVELLE VOITURE

Ce qui suit s'est produit il y a de nombreuses années, mais j'en ai gardé un souvenir très vivant…

J'avais désespérément besoin d'une voiture. Je conduisais alors une vieille guimbarde qui n'avançait que si on la poussait. Bon, j'exagère. Mais chaque fois qu'elle avait des problèmes mécaniques, j'avais des problèmes financiers. Le coût des réparations me tuait.

Et ne sachant jamais si j'allais me rendre à destination, j'étais de plus en plus stressé. J'avais besoin d'aide. J'ai appelé Jonathan pour lui parler de ma peur des vendeurs d'automobiles (j'avais déjà exercé ce métier et je connaissais leurs tactiques). Je lui ai décrit ce que je voulais.

Il m'a dit : « Ce que l'on veut vraiment est souvent différent de ce que l'on dit vouloir… Qu'est-ce que cette nouvelle voiture t'apporterait ?

– Euh ? »

Jonathan a poursuivi en m'expliquant que ce que nous voulons est parfois un sentiment plutôt qu'un produit. Il m'a conseillé de me concentrer sur le sentiment, car cela m'aiderait à obtenir ce que je voulais vraiment. Qu'est-ce que je ressentirais si j'avais une nouvelle voiture ?

Quel rabat-joie! J'ai senti naître une migraine terrible juste à y penser. J'ai raccroché, et c'est comme si un marteau me martelait le crâne. Bien que je ne prenne presque jamais de médicaments, j'ai gobé une poignée d'aspirines comme s'il s'agissait de maïs soufflé. Mais cela ne m'a été d'aucun secours.

Je me suis rendu au bureau de Jonathan. En présence de son énergie captivante, laissant ma douleur me « parler », j'ai soudain vu cette souffrance logée entre mes yeux comme une grosse balle de fil noir étroitement entrelacé. Mentalement, le fil s'est desserré et j'ai entendu l'une de mes croyances me parler :

« Tu ne peux pas te permettre d'acheter une nouvelle voiture. »

J'ai lâché prise et une autre croyance a fait surface :

« Que dirait ton père ? »

Et puis le fil s'est encore desserré et une autre croyance s'est manifestée : « Comment arriveras-tu à payer cette voiture ? »

Et puis une autre… et encore une autre… et encore une autre…

Alors que ces croyances faisaient lentement surface pour ensuite disparaître, la balle noire de la douleur a graduellement diminué. En l'espace de vingt minutes, mon mal de tête était complètement disparu ! J'étais guéri. J'avais les idées claires. J'étais heureux.

Considérez maintenant ceci :

Même si je ne croyais pas cela vraiment possible, j'ai suivi mon intuition et je me suis immédiatement rendu chez un concessionnaire. Consciemment, je « savais » que je ne pouvais pas me procurer une nouvelle voiture (je n'avais jamais eu de voiture neuve de toute ma vie, et mon dossier de crédit n'était pas reluisant). Mais j'ai lâché prise. J'ai eu confiance.

Je suis entré chez le concessionnaire, et l'homme qui se trouvait là m'a laissé jeter un coup d'œil. Je lui ai dit ce que je voulais, et il m'a répondu qu'il avait une voiture qui répondait à mes attentes. Nous sommes sortis, et il avait raison. Elle était parfaite. De couleur or, belle et neuve. J'ai dit : « Est-ce qu'elle est munie d'un lecteur de cassettes ? » Il a vérifié et a hoché la tête. « Eh bien, ai-je dit, passons maintenant aux choses sérieuses. Voyons si j'ai les moyens de l'acheter. »

Nous avons rempli des formulaires, et il m'a demandé de faire un dépôt. Ce que je n'ai pas fait. Je n'avais pas suffisamment confiance pour croire que je pouvais avoir cette voiture. Et j'ai quitté les lieux. Je me suis rendu chez un ami à l'extérieur de la ville, et nous avons fait de la musique toute la journée, lui avec sa guitare et moi avec mon harmonica. Plus tard au cours de l'après-midi, j'ai décidé de téléphoner chez le concessionnaire.

« Votre demande est acceptée », m'a dit le vendeur.

J'étais abasourdi.

« Vraiment ? Ce sont bien mes formulaires que vous avez devant vous ? ai-je demandé. Je m'appelle Joe Vitale. »

Il a ri et m'a assuré qu'il ne se trompait pas. Il m'a ensuite demandé quand je souhaitais prendre possession de ma voiture. Je suis allé la chercher, délicieusement ébranlé à l'idée d'en être le propriétaire. Bien qu'ignorant à ce moment-là comment j'allais réussir à la payer, je l'ai fait. J'ai même pu poster mes chèques à l'avance.

Et ce n'est pas tout.

Dès que j'ai décidé d'acquérir cette nouvelle voiture, ma vie s'est engagée dans une spirale ascendante de coïncidences magiques.

Soudain, l'argent dont j'avais besoin est apparu. Les clients ont commencé à m'appeler. Mes cours se sont vendus. J'ai été invité à prendre la parole devant des groupes dont je n'avais jamais entendu parler. Et deux éditeurs m'ont fait des offres le même jour.

En fait, en permettant à cette nouvelle voiture de se manifester dans ma vie, j'avais envoyé un message de confiance à l'univers. Au lieu de m'inquiéter et de me demander comment j'allais acquitter mes factures, j'ai surmonté ma peur et, à ma grande surprise, je n'ai pas trébuché.

Je me suis élevé.

Mais il me fallait voir clair en moi avant que tout cela ne puisse arriver. Si j'étais allé m'acheter une nouvelle voiture alors que j'entretenais encore des croyances restrictives à propos de ce que je pouvais me permettre, ces croyances auraient saboté mon achat. J'aurais attiré l'incapacité de payer ma voiture de manière à confirmer ces croyances. Il fallait avant tout que je m'en débarrasse.

Et soit dit en passant, j'ai acheté quatre autres voitures chez le même concessionnaire au cours des dix années qui ont suivi, et aujourd'hui je suis derrière le volant de la plus sophistiquée des automobiles : un luxueux cabriolet, une BMW Z3. Je l'adore. C'est ma fierté et ma joie.

Se débarrasser de vieilles croyances peut réellement être payant !

DE L'ARGENT AU-DELÀ DE TOUTE ESPÉRANCE

Que vous dites-vous lorsque vous considérez votre entreprise et constatez qu'elle n'est pas encore à la hauteur de vos attentes?

Blâmez-vous l'économie? vos vendeurs? votre marketing? ou votre propre habileté à accomplir quoi que ce soit?

Peu importe vos réponses, ce sont des croyances. En voici quelques-unes parmi les plus courantes:

- «Je dois travailler dur pour mériter l'argent que je gagne.»
- «J'ai besoin de plus d'argent que je n'arrive à en gagner.»
- «J'ai le sentiment de n'exercer aucun contrôle sur ma situation financière.»
- «Je crois que mes vendeurs sont paresseux.»
- «Je n'ai aucun talent pour gérer l'argent et la richesse.»

Ce que vous voulez, c'est remplacer vos croyances négatives par des croyances positives, telles que:

- «L'argent est une manifestation naturelle de l'univers.»
- «C'est bon d'être riche.»
- «Il n'est pas nécessaire de travailler dur pour gagner de l'argent.»
- «Je suis destiné à connaître l'opulence.»
- «Mes employés génèrent mes revenus.»
- «Je suis à l'aise avec l'argent et la richesse.»

Voyez-vous, la majorité de vos croyances vous ont été inculquées pendant votre enfance. Vous les avez tout simplement absorbées. Mais maintenant, vous vous éveillez. Vous devez faire un choix. Vous pouvez choisir d'abandonner les croyances dont vous ne voulez pas, et vous pouvez choisir de les remplacer par des croyances qui vous servent mieux.

D'autres croyances sont le produit de notre culture. Aujourd'hui même, j'étais assis dans une salle de cinéma. J'expliquais à un ami comment nous pouvons consciemment modifier nos croyances, lorsque les haut-parleurs ont diffusé la chanson « It Ain't Easy (Ce n'est pas facile) ». Les mêmes mots étaient répétés sans cesse : « It ain't easy. It ain't easy. It ain't easy. »

Cette chanson a été suivie par un classique des Rolling Stones : « You Can't Always Get What You Want (Vous ne pouvez pas toujours avoir ce que vous voulez) ». Mon ami et moi avons éclaté de rire, réalisant que nous étions soumis à un véritable lavage de cerveau culturel. Malheureusement, personne d'autre dans la salle ne semblait se rendre compte qu'on nous programmait avec des croyances restrictives.

Je me rappelle que j'avais l'habitude d'entretenir la croyance selon laquelle : « Plus je dépense d'argent, moins j'en ai ». Cela semble logique, n'est-ce pas ? Si vous dépensez votre argent, vous en avez moins. Mais j'ai décidé de changer cette croyance. Je l'ai remplacée par celle-ci : « Plus je dépense d'argent, plus je reçois d'argent ». Maintenant, je sais que je recevrai de l'argent chaque fois que je signe un chèque. Pourquoi ? Parce que j'ai choisi de croire qu'il en sera ainsi.

Vous pouvez faire la même chose, vous aussi. Au fur et à mesure que vous devenez conscient de vos croyances à propos de la richesse, demandez-vous si vous voulez continuer à y croire, ou si vous préférez les remplacer par d'autres croyances. Ensuite, choisissez consciemment la croyance que vous vous souhaitez adopter. Vous devrez peut-être faire plusieurs tentatives au début, mais vous finirez par attirer ce que vous voulez.

N'est-ce pas un sentiment merveilleux que de savoir que vous pouvez maintenant modeler votre vie comme bon vous semble?

LA DISTANCE N'A PAS D'IMPORTANCE

Se libérer de ses croyances peut être un processus simple. L'occasion où cela a été le plus facile pour moi est lorsque j'ai voulu me débarrasser de mes allergies des sinus.

J'ai souffert de terribles infections des sinus et de céphalées dues à la sinusite pendant des années alors que je vivais à Houston. Je ne vous décrirai pas à quel point je me sentais misérable. Je me suis soigné avec des produits naturels. J'ai suivi des traitements d'acupuncture. J'ai porté des masques respiratoires. Tout cet arsenal m'aidait, mais rien ne réglait définitivement mon problème.

Et puis un jour, j'ai demandé à ma grande amie Kathy Bolden, une guérisseuse, de tenter de m'aider. Pendant que nous dînions ensemble, je l'ai regardée dans les yeux, j'ai abattu mon poing sur la table, et j'ai dit: « Je ne cherche pas un soulagement. Je veux guérir. Je veux me débarrasser de ce problème. »

Mon intensité l'a étonnée. Mais elle a également réalisé à quel point j'étais sincère et à quel point je souffrais. Elle a dit qu'elle essaierait de m'aider.

Et elle l'a fait. Elle est rentrée chez elle, s'est détendue, et a fait appel à ses habiletés pour libérer mon corps. Je n'étais pas présent. Je n'avais même pas conscience de ce qu'elle faisait. Mais quelques jours plus tard, j'ai remarqué que je pouvais respirer librement. Je lui ai téléphoné et lui ai demandé ce qu'elle avait fait.

« Il y avait une sorte d'énergie négative en toi, et je lui ai fait peur », a-t-elle dit.

Apparemment, elle était capable d'utiliser ses talents de guérisseuse pour me libérer de mes croyances et stimuler mon énergie sans se trouver à mes côtés. C'était là me faciliter les choses, n'est-ce pas ?

PERMETTEZ À VOTRE PASSÉ DE REFAIRE SURFACE

Voici un autre exemple. J'en suis encore ébahi, car c'est arrivé à mon ex-femme et j'ai été témoin d'un extraordinaire changement.

Marian n'avait jamais appris à conduire. J'ai été son chauffeur pendant plus de quinze ans. Je ne m'en plaignais pas. Il en était tout simplement ainsi.

Mais après avoir vu à quel point j'avais changé après mes séances avec Jonathan, Marian s'était demandé si elle pouvait modifier ses croyances au sujet de la conduite automobile. Elle a donc pris rendez-vous avec lui. Tout a été réglé en moins d'une heure.

Que s'est-il passé ? Marian s'est rappelé que lorsqu'elle était une petite fille, elle était assise sur la banquette arrière de la voiture de sa mère pendant qu'elle apprenait à conduire. Sa mère était nerveuse de nature. Marian avait absorbé cette énergie et l'avait entretenue. En grandissant, la petite fille qui était assise sur la banquette arrière de la voiture était demeurée vivante en elle. Et cette petite fille l'avait empêchée de conduire, même à l'âge adulte.

En suivant les conseils de Jonathan, Marian a été capable de se rappeler cette expérience et de s'en libérer. Elle s'est rendu compte qu'il s'agissait d'un vieux souvenir qui ne lui servait plus à rien. Elle s'en est débarrassée. Son énergie n'avait plus de contraintes.

Et aujourd'hui Marian conduit sa propre voiture, une voiture neuve, par surcroît, et elle adore ça. Je me rappelle une soirée à Houston alors qu'un gros orage avait provoqué d'importantes inondations. J'étais inquiet car je ne savais pas comment Marian réagirait vis-à-vis les éléments déchaînés. Lorsqu'elle est rentrée à la maison tard ce soir-là, je me suis précipité dans le garage pour l'accueillir.

Ce que j'ai vu m'a étonné. Marian était souriante. Son visage était resplendissant. Elle a baissé la glace de sa portière et a dit : « J'ai eu tout une aventure ! »

Se trouver immobilisée dans un bouchon de circulation est même quelque chose que Marian apprécie maintenant. Elle prend tout simplement son mal en patience et écoute de la musique.

Un jour, nous sommes allés au restaurant au volant de nos voitures respectives. Au retour, je me trouvais derrière elle, attendant que le feu passe au vert. Je l'ai vu remuer les lèvres et tapoter le volant avec les doigts. Je me suis demandé si c'était l'impatience qui la gagnait. Je me suis rapproché un peu et j'ai réalisé qu'elle chantait et qu'elle marquait le rythme de la chanson !

Quelle transformation !

Plus tard, Marian a été victime d'un grave accident de la route. Sa voiture a été emboutie par une camionnette. Le choc a été à ce point violent que l'essieu arrière de son véhicule a cédé. Mais Marian s'en est tirée indemne.

Maintenant, voici le plus intéressant : deux jours plus tard, Marian était prête à louer une voiture et à recommencer à conduire. Je n'arrivais pas à y croire. Je lui ai dit que j'étais fier d'elle, que de nombreuses personnes sont trop nerveuses pour conduire si peu de temps après un accident.

Marian s'est contentée de me regarder en souriant, et de dire : « Pour quelle raison ? Conduire est si amusant ! »

LIBÉREZ VOTRE PASSÉ

Jonathan a l'habitude de dire : « Tout est énergie. » Il entend par là que nous sommes des systèmes énergétiques. Si nous avons l'esprit clair, l'énergie se déplace dans une seule direction. Sinon, cette énergie s'éparpille, tout comme son pouvoir.

Caroline Myss, guérisseuse intuitive et auteure de *Anatomie de l'esprit*, parle de « branchement » avec le passé. Si vous avez autrefois été blessé, agressé ou si vous n'avez pas achevé quelque chose, vous en portez probablement encore les séquelles. Vous êtes encore branché à cet événement du passé. Cela signifie qu'une partie de votre énergie est encore prisonnière de cette époque, revivant et recréant cet événement.

Je sais que cela est difficile à comprendre. Mais prenons un autre exemple proposé par Mme Myss. Pensez à l'énergie que vous recevez chaque jour comme si c'était de l'argent. Vous vous levez chaque matin avec cinq cents dollars en banque pour la journée. Mais vous êtes en colère parce que votre conjoint a été désagréable avec vous la veille. Vous devrez débourser pour cela. Il vous en coûte cinquante dollars pour maintenir cette énergie vivante en vous.

Et supposons que vous êtes aussi en colère parce qu'un ami vous doit de l'argent depuis cinq ans. Vous dépensez maintenant cent dollars pour conserver ce souvenir.

Supposons également que vous avez été agressé lorsque vous étiez enfant. Vous dépensez cent dollars de plus pour garder ce souvenir vivant. Vous vous êtes réveillé avec une somme de cinq cents dollars, mais avant même de sortir du lit, vous en avez dépensé la moitié pour entretenir de vieux souvenirs.

Pendant la journée, lorsque vous tenterez d'attirer quelque chose, vous n'aurez pas suffisamment d'énergie pour concrétiser vos désirs. Lorsque vous vous débarrassez des événements, douleurs, souvenirs et croyances du passé, vous avez davantage d'énergie pour attirer ce que vous voulez dans le moment présent. Et plus vous disposerez d'énergie, plus vous serez en mesure d'attirer ce que vous voulez dans votre vie.

Et vous finirez par dire comme ce mannequin vedette : « Je ne me lève jamais pour moins de dix mille dollars par jour. »

VOS RÉSULTATS

Jonathan a également l'habitude de dire : « L'énergie que vous dégagez est proportionnelle aux résultats que vous obtenez. »

Oui, il a un don pour ce genre de révélations. Mais je crois qu'il veut dire que nos croyances créent les résultats que nous obtenons. Si vous envoyez consciemment des vibrations qui attirent des circonstances négatives, vous ferez des expériences négatives.

Si vous vous retrouvez sans cesse dans des situations similaires, comme mon ami qui s'est marié sept fois jusqu'à maintenant, vous savez que vous êtes prisonnier d'une spirale d'énergie qui continuera à créer ces événements jusqu'à ce qu'elle soit épuisée.

Ma grande amie Karol Truman, auteure de l'excellent ouvrage intitulé *Feelings Buried Alive Never Die…* l'explique ainsi :

« C'est la suppression continuelle d'émotions et de sentiments réprimés qui engendre les problèmes que nous connaissons dans la vie. »

Je peux vous entendre dire : « Comment me sortir de cette spirale ? »

L'un des principes fondamentaux des travaux de Jonathan Jacobs repose sur le fait que tout est énergie. Ce n'est pas une idée nouvelle. Stuart Wilde en traite dans ses livres. Joseph Murphy y fait référence dans ses travaux. Bob Proctor en parle dans ses séminaires. Des scientifiques sont également en train de le découvrir. Rien n'existe à part l'énergie qui se trouve dans toutes ces choses que nous nommons : tables, chaises, maisons, voitures, gens.

Mais vous et moi sommes différents des tables, des chaises, des maisons et des voitures parce que nous sommes spirituels. C'est le miracle de la vie !

Comme me l'a déjà dit Bob Proctor : « Bien que tout soit énergie, c'est la spiritualité qui nous distingue des objets. Cela signifie que nous sommes en mesure de modifier l'énergie d'une table, d'une chaise, d'une maison, d'une voiture, et même des gens. »

Si nous poussons le raisonnement un peu plus loin, cela signifie que nous sommes tous connectés. Si nous ne sommes rien d'autre que de l'énergie, nous ne faisons qu'un, et ce que vous faites me touche, et ce que je fais vous touche, même si nous nous trouvons à des kilomètres de distance ou même sur des continents différents.

Vous saisissez?

Oh.

Eh bien, moi non plus, au début.

Penchons-nous donc sur quelques anecdotes qui pourront vous aider à mieux comprendre.

COMMENT CHANGER LES GENS

Un jour, l'un de mes clients a retenu mes services en tant que «génie» du marketing. Il m'a versé une forte somme, et j'ai embauché quelques personnes pour m'aider. Tout s'est bien passé. Les mois ont passé. Et puis un jour, la bombe est tombée.

Mon client m'a envoyé une lettre dans laquelle il m'accusait de lui avoir menti. Deux pages dont la lecture a été douloureuse. C'était troublant. J'ai été pris de vertige. J'étais abasourdi. J'ai convoqué mon personnel, et j'ai même téléphoné à mon client. Je ne comprenais pas pourquoi une telle chose arrivait. J'ai rédigé une lettre de deux pages expliquant ma position. Le lendemain, j'ai reçu une autre lettre de deux pages, aussi choquante que la première. Finalement, je me suis tourné vers Jonathan.

«Le mot clé est "confiance", a souligné Jonathan. Tu ne cesses de dire qu'il ne te faisait pas confiance. Voyons de quelle manière cela s'applique à toi. Dans quelles circonstances as-tu tendance à ne pas avoir confiance?»

C'était caractéristique de Jonathan. Il poussait les gens à examiner leur propre vie pour déterminer si leurs doléances étaient pertinentes. D'une certaine manière, nous nous servons de nos expériences comme de miroirs. Nous utilisons le monde extérieur pour tenter de voir ce qui se passe en nous. Nous reviendrons sur ce point.

J'ai réfléchi et j'ai dit : « Eh bien, je n'ai jamais fait de marketing de cette façon auparavant. Il m'a embauché pour diriger l'ensemble de sa campagne et il s'attend à ce que je conduise son équipe tout entière à la victoire. Je suppose que je n'ai pas confiance en mes capacités.

– Et c'est ce que ton client perçoit sur le plan de l'énergie. C'est le signal que tu envoies.

– Qu'est-ce que je dois faire ?

– Es-tu prêt à te débarrasser de la peur et à sentir naître la confiance ?

– Oui. »

Cela n'a pas été plus compliqué que ça. J'ai senti un revirement en moi, et j'ai su que je pouvais me faire confiance. J'ai lâché prise et j'ai laissé échapper un soupir de soulagement. J'ai senti que cela avait été facile parce qu'une grande partie de moi avait déjà clarifié le problème. Je n'ai pas eu beaucoup d'efforts à fournir pour me débarrasser de mes vieilles croyances. Et voici maintenant le point culminant de cette histoire.

Je suis rentré à la maison et j'ai téléphoné à mon client. Il semblait étonnamment apaisé en répondant au téléphone. Je lui ai dit que j'allais accomplir un travail remarquable pour lui.

« Je le sais », a-t-il dit, me surprenant encore un peu plus. « J'ai décidé il y a quelques instants de faire confiance à l'homme que j'ai embauché pour ses compétences.

– Vous avez pris cette décision il y a quelques instants? Quand exactement?»

Oui, il avait décidé de me faire confiance au moment même où Jonathan et moi parlions de mon problème de confiance. Lorsque le sujet était devenu clair dans mon esprit, mon client l'avait senti. Lorsque j'ai envoyé un signal différent, mon client l'a capté.

Coïncidence? Permettez-moi donc de vous raconter une autre anecdote…

L'ORIGINE DE L'ARGENT

Un autre de mes clients avait accédé à une grande notoriété et fait fortune. Âgé de vingt-cinq ans, ce courtier en valeurs mobilières avait écrit un livre sur la richesse. Je savais que ce serait un succès avant même sa publication. J'ai agi à titre d'agent littéraire et de conseiller en marketing, et je lui ai trouvé un éditeur. Les choses allant très bien pour lui, il m'a quitté et a trouvé un autre agent à Dallas, me privant du même coup de la commission de quarante-cinq mille dollars que j'aurais touchée sur l'avance de trois cent mille dollars qui lui serait versée. Mais c'est un homme très honorable et il m'a dit qu'il me verserait une certaine somme lorsqu'il la recevrait.

Les jours ont passé.

Les semaines ont passé.

Les mois ont passé.

Rien.

Je lui ai envoyé quelques petites notes aimables. Je lui ai fait parvenir des exemplaires de mes articles pour lui faire partager mes propres réussites. Je lui ai téléphoné à quelques reprises et j'ai laissé des messages.

Toujours rien.

J'en ai parlé à Jonathan. Il m'a suggéré d'écrire une lettre à mon client et de lui faire part de mes sentiments, de lui dire ce que je voulais, et de lui pardonner. Je suis rentré à la maison et j'ai suivi ses conseils. Cela m'a fait beaucoup de bien.

Mais toujours rien.

Je suis retourné voir Jonathan et je lui ai dit que j'avais suivi ses conseils, mais que je n'avais toujours pas obtenu de réponse.

« Qu'est-ce que cela signifie ? m'a-t-il demandé.

– Cela signifie qu'il n'a toujours pas communiqué avec moi.

– Et ?

– Et cela signifie qu'il pourrait très bien m'arnaquer.

– Voilà, a dit Jonathan.

– Pourquoi ? ai-je demandé.

– C'est la peur d'être arnaqué qui bloque ton énergie. C'est cette croyance qui fait obstacle.

– Comment faire pour lâcher prise ?

– Laisse-toi habiter par le sentiment d'être arnaqué. »

J'ai fermé les yeux et je l'ai fait.

« Laisse ce sentiment te ramener à d'autres occasions où tu as pris des décisions en fonction de tes croyances à propos de l'argent et des gens. »

Je me suis rappelé avoir été floué par une entreprise de Dallas alors que j'avais travaillé très dur pour cet argent. J'avais eu le sentiment d'avoir été trompé. J'avais nourri du ressentiment envers cette entreprise pendant près de huit ans. J'ai respiré profondément en m'imprégnant de ce souvenir et j'ai senti un revirement en moi. J'ai ouvert les yeux et j'ai souri.

« L'argent qu'il te doit ne viendra pas nécessairement de lui, a expliqué Jonathan. L'univers est prospère et peut t'apporter de l'argent de très nombreuses façons. Exprime ton besoin d'être payé par ce client et tu permettras à l'argent de venir à toi. »

Il n'est pas évident d'accepter ce concept. Cela signifie qu'il faut totalement lâcher prise et effacer tout ressentiment envers autrui. Cela signifie qu'il faut croire que l'on obtiendra ce que l'on veut, peu importe la façon dont cela se produira.

Je me suis senti libéré. Je me suis senti plus grand et plus dégagé. Et lorsque je suis rentré à la maison, un message m'attendait, un message de… mon client !

Après six mois de silence, je recevais soudain un appel ! Il a été très poli, très amical, et il m'a dit qu'il allait me poster un chèque d'un montant de quatre chiffres. Il l'a fait, car je l'ai reçu le lendemain. Je crois qu'il faudrait être fou pour appeler cela une coïncidence. Le lien est trop évident, et cela m'arrive trop souvent, pour être qualifié de chance pure et simple.

Comme le dit Jonathan, tout est énergie et nous sommes tous connectés. Dégagez les voies où circule l'énergie et vous pourrez avoir, faire ou être tout ce que vous voulez.

CE QUI GOUVERNE VOTRE VIE

Si vous estimez avoir dégagé les voies où circule votre énergie et si vous vous êtes libéré du passé, mais que vous n'attirez pas encore l'argent ou les miracles, c'est que vous n'êtes pas allé jusqu'au bout du processus.

J'en ai fait l'expérience il y a quelques années. Après plusieurs séances téléphoniques avec Jonathan, je me suis rendu compte que mes revenus n'augmentaient pas. Je payais mes factures avant la date d'échéance, mais l'argent n'arrivait qu'au dernier moment et je ne me sentais pas à l'aise avec cette situation. J'ai commencé à m'inquiéter. Ce n'était pas bon signe. Mon inquiétude était la preuve que je n'avais pas tout clarifié dans mon esprit. J'ai voulu en parler avec Jonathan, mais il n'était pas libre.

Et puis, un jour, Bill Ferguson m'a offert de participer à l'une de ses séances. Bill est un ancien avocat spécialisé en droit matrimonial qui a élaboré une méthode pour aider les gens à se libérer du problème fondamental qui sabote leur vie. Il a été invité par Oprah et il a écrit plusieurs livres, dont *Heal The Hurt That Sabotage Your Life*.

Je donnais un coup de main à Bill avec sa publicité et il voulait que je bénéficie de ses services. Lorsqu'il m'a dit qu'il m'offrait une séance, j'ai accepté. De plus, c'était gratuit. En rétrospective, je dois admettre que j'aurais été prêt à payer pour celle-ci.

«Les gens souhaitent de tout cœur apprendre à trouver la paix», m'a dit Bill lorsque je l'ai rencontré dans ses bureaux à Houston. «Mais ils s'entêtent à la chercher autour d'eux et à tenir les gens ou les circonstances responsables de leur inconfort. Ce n'est pas ainsi que fonctionne la vie.»

Il m'a demandé de penser à un événement récent qui m'avait ébranlé. Cela n'a pas été difficile. Je venais tout juste de quitter l'un de mes clients qui n'était pas d'accord avec mes idées sur la façon de promouvoir son entreprise. J'étais insulté et en colère.

«Remarquez que ce que vous ressentez n'a rien à voir avec l'autre personne. Elle n'a fait que réactiver votre douleur en appuyant sur la bonne touche. Une fois que vous vous en serez détaché, cette touche sensible à la douleur n'existera plus.

«Chacun d'entre nous entretient une douleur du passé qui gouverne sa vie, a ajouté Bill. Pour certains, cette douleur est la conséquence d'un échec. Pour d'autres, c'est la souffrance de se sentir inutile, incapable d'être à la hauteur, inapte à l'amour, ou la douleur engendrée par toute autre forme d'inconfort avec soi-même.»

Il a ajouté que le fait d'éviter de tels sentiments engendrait la douleur émotionnelle.

«Tant qu'une personne n'a pas touché au cœur du problème, ce dernier continue à faire son œuvre, m'a dit Bill. On peut être âgé de quatre-vingt-dix ans et recréer encore et encore des expériences douloureuses à cause d'une croyance que l'on a acceptée à l'âge de six ans.»

Bien que de nombreux psychothérapeutes croient que les gens traînent avec eux des problèmes non résolus, peu d'entre eux affirment qu'une guérison rapide soit possible. Bill a élaboré une nouvelle technique qui aide les gens à se libérer de leur douleur émotionnelle, et ce, en moins de deux heures. Vous direz peut-être qu'il a trouvé une méthode de «guérison à commande automatique».

«Pensez à un autre événement qui vous a contrarié», a poursuivi Bill. Je l'ai fait. Encore une fois, cela a été facile. Même si je n'y avais pas songé auparavant, j'ai commencé à discerner un schéma. Chaque fois que je me sentais contrarié ou presque, c'était que j'étais insulté.

«Que signifie le fait que vous vous sentiez insulté?» m'a demandé Bill.

Après un moment, j'ai compris que cela signifiait que je ne me sentais pas à la hauteur. Je ne suis probablement pas à la hauteur, me disait ma logique, parce que les gens n'aiment pas ce que je fais et je finis par me sentir insulté.

Bill a insisté.

«Que ressentez-vous à l'idée de ne pas être à la hauteur?» a-t-il demandé.

Je sentais monter le découragement en moi. J'ai regardé le visage juvénile de Bill, me demandant s'il voulait vraiment que je me sente si mal. Oui, il le voulait.

«Tant que vous ne ressentirez pas pleinement la douleur qui a été enterrée vivante à l'intérieur de vous, elle continuera à faire son œuvre et à saboter votre vie.»

Oh là là! Maintenant j'avais l'impression que la vie elle-même ne valait pas la peine d'être vécue.

«Si vous mettez véritablement le doigt sur le problème clé qui vous touche, vous devriez avoir le sentiment que la vie ne vaut pas la peine d'être vécue.

– C'est le cas, Bill, c'est le cas, ai-je dit lentement.

– Bien! a déclaré Bill. Alors que ressentez-vous à l'idée de ne pas être à la hauteur?

– Je ne me suis jamais senti aussi mal.

– Pouvez-vous accepter le fait que vous n'êtes vraiment pas à la hauteur?»

J'ai lutté avec cette idée. Même si je pouvais trouver des preuves attestant que j'étais à la hauteur en examinant ma vie, je devais admettre que je ne l'étais pas dans tous les domaines. Et je devais également admettre que cette croyance selon laquelle je n'étais «pas à la hauteur» me poussait inconsciemment à me sentir contrarié avec mes clients et mes amis. J'avais laissé filer de nombreuses occasions. Même de l'argent.

« Oui, je peux l'admettre. »

Il s'est aussitôt produit un changement. Je me suis senti en quelque sorte plus léger. Plus détendu. Libre. Après m'être senti tendu et en colère, j'ai soudain éprouvé un sentiment de détente et de calme. Et même de bonheur. C'était comme si un immense câble électrique avait été déconnecté et que je voyais tout à coup la vie sous un nouveau jour.

Bill et moi avons fait encore quelques exercices avant mon départ. Mais après la séance, j'ai remarqué des différences majeures. Rien ne semblait plus m'irriter comme avant. Le lendemain, l'un de mes clients a critiqué un texte publicitaire que j'avais rédigé, et cette fois je n'ai pas pris le mors aux dents. J'ai calmement exposé mon point de vue. Et j'ai remarqué que je considérais chaque instant avec amour et optimisme.

Et j'ai vu que je n'avais plus peur de faire des choses que je n'avais pas l'habitude de faire, comme de jouer de la guitare devant des amis ou de faire des tours de magie pendant le repas. Auparavant, je ne me sentais pas à la hauteur. Et j'ai également remarqué que l'argent a commencé à affluer. Un matin, quelques jours après ma séance avec Bill, une femme m'a envoyé une télécopie pour m'annoncer qu'elle me posterait un chèque de plusieurs milliers de dollars afin que je commence à faire la promotion de son entreprise.

Que s'était-il passé ?

Maintenant qu'une croyance profondément ancrée avait été déconnectée, j'avais ouvert les valves d'énergie en moi pour permettre à l'abondance de l'univers de se manifester dans ma vie.

Et elle s'est manifestée.

L'ART DE S'ENRICHIR

Dans son ouvrage intitulé *Accomplissez votre destinée*, Wayne Dyer dit que si vous n'attirez pas ce que vous voulez, c'est qu'il y a probablement une absence d'amour quelque part dans votre monde intérieur.

C'est là une autre façon de découvrir les sphères de votre vie qui ne sont pas suffisamment claires. Pensez aux sentiments que font naître en vous les gens qui seront associés à la concrétisation de vos rêves. Si vous détectez une « charge » négative ou si vous vous sentez mal à l'aise vis-à-vis de quelqu'un, c'est que tout n'est pas clair entre cette personne et vous.

Le pardon est le meilleur moyen que je connaisse pour clarifier une situation. Et le meilleur moyen de devenir indulgent, c'est de ressentir de la gratitude. Je traiterai de la gratitude un peu plus loin, mais pour l'instant sachez que si vous vous concentrez sur ce que vous aimez chez les autres, vous vous sentirez reconnaissant, vous commencerez à pardonner, et vous vous libérerez l'esprit.

Une fois libéré, vous pourrez avoir, faire, ou être tout ce que vous voulez.

Voici un moyen plus simple d'y arriver, et vous pouvez y recourir sans aide. C'est mon ami Bob Proctor qui me l'a enseigné, pendant l'un de ses célèbres séminaires portant sur l'art de s'enrichir.

Prenez deux feuilles de papier.

Sur la première feuille, décrivez une situation négative dans laquelle vous vous trouvez actuellement. Dépeignez-la de façon détaillée, et imprégnez-vous des émotions qui y sont associées. Cela ne sera probablement pas très agréable. Mais vous devez aller au fond des choses, car plus vous ressentirez intensément ces émotions, plus vous serez en mesure de vous en libérer.

Autrement dit, toute émotion réprimée devra un jour ou l'autre être exprimée. Les émotions qui sont réprimées paralysent vos vibrations intérieures. En les exprimant, vous libérez votre énergie et vous attirez ce que vous voulez. Laissez vos sentiments remonter à la surface pendant que vous décrivez la situation qui vous gêne.

Mettez ensuite cette première feuille de côté.

Prenez la seconde feuille et décrivez la situation telle que vous souhaiteriez qu'elle soit. Imprégnez-vous du sentiment de joie qui est associé à ce que vous voulez faire ou être. Immergez-vous dans cette énergie bénéfique. Décrivez la situation de la façon dont vous voulez qu'elle soit, et mettez-y nombre de détails merveilleux de manière à ressentir toute l'émotion qu'elle dégage pendant que vous écrivez.

Tout comme vous vouliez ressentir l'émotion négative de façon à vous en libérer, vous voulez maintenant ressentir l'émotion positive de façon à créer une nouvelle image de la situation qui s'ancrera dans votre subconscient. Plus vous serez amoureux de cette nouvelle image et de ces nouveaux sentiments, plus rapidement vous pourrez les concrétiser dans votre vie.

Reprenez maintenant la première feuille, relisez-la, et brûlez-la.

Prenez la seconde feuille, pliez-la, et gardez-la sur vous pendant une semaine.

C'est tout. Vous vous êtes probablement débarrassé ainsi d'un blocage négatif. Et s'il devait refaire surface, refaites tout simplement cet exercice.

Vous voyez ? C'est facile !

LA GRAINE DE MOUTARDE

Il y a quelques années, j'ai prononcé un discours sur la spiritualité lors d'un congrès réunissant des gens d'affaires. J'ai dit à mon auditoire que je garde toujours sur moi une pièce de monnaie commémorative sur laquelle est gravée une graine de moutarde. On peut y lire les mots suivants : « Même si votre foi n'est pas plus grosse qu'une graine de moutarde, rien ne devrait être impossible pour vous. »

J'ai ensuite demandé à la foule : « Avez-vous déjà pensé à une graine de moutarde ? »

J'ai fait une pause et puis j'ai ajouté : « Une graine de moutarde n'a pas de doutes. Elle n'anticipe pas son but. Elle ne s'inquiète pas, elle ne pleurniche pas. Elle est libre. »

C'est là l'essence même de cette étape du processus entourant le facteur d'attraction. Vous voulez que tout soit clair dans votre esprit, qu'il soit libre de tout doute, de manière à attirer exactement ce que vous voulez.

Comme l'a écrit Ernest Holmes dans *Creative Mind and Success* : « Vous ne pouvez attirer que ce que vous arrivez à être mentalement et à ressentir dans la réalité, sans nourrir le moindre doute. »

Mais comment avoir cette certitude ?

LA CHIRURGIE KARMIQUE

Le Dr Marcus Gitterle est urgentologue et spécialiste de l'antivieillissement. Il a lu l'un de mes livres, l'a adoré et m'a envoyé un courriel en me disant qu'il habitait dans la même petite ville que moi. Nous avons dîné ensemble et nous sommes rapidement devenus des amis.

Un jour, il m'a parlé d'une technique de « chirurgie kar-mique ». Je n'en avais jamais entendu parler, et c'est ainsi que j'ai découvert un nouvel outil qui est presque magique. Il peut nous aider à régler n'importe quel problème, à guérir n'importe quelle maladie, à concrétiser n'importe quelle intention, et ce, sans que nous ayons à faire quoi que ce soit. De fait, ce sont les autres qui le font pour vous.

Marcus l'explique ainsi : « Tout comme lors d'une intervention chirurgicale, le problème est réglé pendant que vous dormez. À votre réveil, il n'est plus là. On vous dira peut-être de vous reposer, de boire beaucoup de liquide, mais vous serez quand même libéré de votre problème. Vous n'avez fait qu'accepter que d'autres vous en débarrassent. »

Marcus parle ici de yagyas ou yagnas. Bien connus en Orient, ces procédés le sont très peu en Occident. Il ne s'agit pas de véritable chirurgie, mais plutôt d'un moyen de laisser des maîtres spirituels s'adonner à des rituels en votre nom, avec l'intention de réaliser une intention.

Je sais que cela peut sembler étrange. Mais les yagyas ont une longue histoire. Ce sont des cérémonies religieuses ou spirituelles présidées par un prêtre hindou et visant à dissi-per des difficultés karmiques. Fondamentalement, un yagya est le récit de mantras spécifiques (sons) par des pandits védiques professionnels. C'est généralement une méthode privilégiée pour résoudre une situation de crise ou une situa-tion dangereuse pouvant mettre des vies en danger. Mais on peut également utiliser les yagyas pour libérer notre esprit, de manière à avoir, faire, ou être tout ce que l'on veut.

Plutôt que de continuer à tenter d'expliquer ce qu'est un yagya, permettez-moi de vous livrer un témoignage sur l'in-fluence que ce rituel a eue sur ma meilleure amie.

SAUVÉE DE LA MORT

Cette amie, que je connaissais depuis plus de deux décennies, se trouvait sur son lit de mort il y a un an. Après avoir été victime d'un accident de la route qui avait failli lui coûter la vie, une fracture de la colonne vertébrale, une chirurgie de remplacement des deux genoux, une dépression, des pensées suicidaires et une tendance à l'anorexie à cause de médicaments qu'elle aurait dû refuser, elle avait été transportée en ambulance à l'hôpital, où elle était inconsciente et mourante.

Nous avions déjà tout tenté. Elle avait vu des guérisseurs, des médecins, des thérapeutes et des psychiatres. J'avais engagé pour elle des professionnels des soins de santé à domicile. Elle priait, méditait, écoutait des cassettes. J'ai demandé à cinq cents de mes amis de prier pour elle et je lui ai envoyé de l'énergie guérisseuse. Mais rien ne l'avait libérée. Je craignais de la perdre, en même temps que cette amitié vieille de vingt-cinq ans.

En désespoir de cause, j'ai pris les mesures nécessaires pour qu'un yagya d'une durée d'un mois soit fait pour elle. Deux jours plus tard, elle s'est réveillée à l'hôpital, s'est assise et puis s'est levée. La veille, elle était incapable de bouger ou même de se tourner dans son lit ! Et voilà qu'elle était prête à rentrer chez elle. Le personnel de l'hôpital était sidéré. Les médecins n'arrivaient pas à expliquer ce changement. Ils l'ont gardée en observation afin de pratiquer quelques tests.

Son état ne cessait de s'améliorer. Une semaine plus tard, cette femme qui avait frôlé la mort, recevait son congé de l'hôpital. Maintenant, elle marche, parle, sourit, conduit sa voiture, et est très heureuse d'être vivante. Je l'ai vue hier, moi qui croyais ne jamais la revoir. C'est un véritable miracle.

C'est la preuve de l'immense pouvoir du yagya.

PUBLIER DES MIRACLES

Le Dr Gitterle effectue des yagyas pour lui-même, sa femme et son fils. J'en ai moi-même fait plusieurs. Permettez-moi de vous donner un exemple.

Comme vous le savez maintenant, ce livre que vous tenez entre vos mains est basé sur un ouvrage populaire que j'ai publié il y a quelques années et qui s'intitule *Spiritual Marketing*. Je savais que mon livre proposait une puissante formule en cinq étapes permettant de concrétiser tous les désirs de notre cœur, car les gens m'ont écrit chaque jour pour me parler des miracles qui s'étaient produits dans leur vie.

Mais le fait que le livre ne soit disponible qu'en ligne m'irritait quelque peu. Je savais qu'il devait être accessible à un vaste public. J'ai donc formulé l'intention de trouver un éditeur aux reins solides, ayant un bon réseau de distribution et étant capable de lancer mon livre dans le monde !

Afin d'accélérer la réalisation de mon intention, j'ai prévu un yagya. Je me suis rendu sur le site www.jyotish-yagya.com et j'ai demandé qu'un yagya soit fait en mon nom. J'ignorais quels seraient les résultats, ou si même il y en aurait. Mais je suis demeuré confiant. Je suis passé à l'action.

Quelques semaines plus tard, j'ai reçu un courriel du directeur de la maison d'édition Wiley, qui a publié la version originale du présent ouvrage !

Maintenant, prenez un moment et réfléchissez à ceci. Mon livre original, intitulé *Spiritual Marketing*, avait figuré au premier rang de la liste des best-sellers d'Amazon à deux reprises. On en avait parlé dans le *New York Times*. On évaluait le nombre de téléchargements de la version électronique de mon ouvrage à environ un million. Le livre électronique avait été traduit en sept langues. Des milliers de gens m'avaient écrit à son sujet. Le meilleur agent du pays avait envoyé le livre à des éditeurs de renom pendant deux ans.

Et pourtant, rien !

Mon livre n'a pas trouvé de vaste public avant qu'un yagya ne vienne aider mon intention et me débarrasser des blocages intérieurs qui m'empêchaient d'atteindre mon but.

J'ai subi une chirurgie karmique. Un yagya est un moyen de se débarrasser de tout blocage, qu'il ait pris naissance dans cette vie ou dans une autre, de manière à ce que l'on puisse aller de l'avant et attirer tout ce que l'on veut.

On peut parler ici de guérison sans effort !

LE SCRIPT

Finalement, permettez-moi de vous proposer une autre méthode pour vous libérer intérieurement. Elle ne coûte rien, elle n'exige pas plus d'une minute de votre temps, elle est indolore, et elle fonctionne à tout coup, c'est garanti.

Intéressé ?

Il s'agit de réciter à voix haute un script afin de vous débarrasser d'une croyance ou d'un sentiment dont vous ne voulez plus, et de le remplacer par ce que vous désirez. Cette méthode m'a été enseignée par mon amie Karol Truman, auteure de l'étonnant ouvrage intitulé *Feelings Buried Alive Never Die...* Je vous donnerai le script dans un moment. Mais tout d'abord, sachez que ce puissant outil est si simple que bien des gens ne le prennent pas au sérieux. Tout ce qu'il vous demande de faire, c'est de lire quelques paragraphes. C'est tout !

En fait, le script reprogramme la structure fondamentale de votre ADN. Il s'adresse à votre esprit et lui demande de vous aider à libérer votre esprit aux niveaux les plus élémentaires de votre être.

Je ne veux pas compliquer les choses ici en tentant de vous expliquer comment fonctionne le processus. Ma tâche consiste à vous donner les outils et à vous enseigner la façon de les utiliser. Après tout, il n'est pas nécessaire de connaître le mécanisme d'un télécopieur pour envoyer ou recevoir une télécopie. Il suffit d'y insérer une feuille de papier et la machine fait le reste.

Il en va de même avec le script. Il suffit de le lire et d'insérer à l'endroit approprié le sentiment dont vous voulez vous débarrasser, et de préciser le sentiment avec lequel vous voulez le remplacer. Tout vous paraîtra plus sensé lorsque vous connaîtrez les mots du script. Les voici donc :

> Esprit, je te prie de déterminer l'origine de mon sentiment négatif au sujet de (pensez ici au sentiment ou à la croyance dont vous voulez vous débarrasser).
>
> Remonte à l'origine de chaque niveau, couche, domaine et aspect de ma croyance. Analyse-la et décompose-la à la perfection, avec la vérité de Dieu.
>
> Manifeste-toi au moment opportun, guérissant chaque incident en fonction de la structure du premier, selon la volonté de Dieu; jusqu'à ce que je me retrouve dans le présent, rempli de lumière et de vérité, de la paix et de l'amour de Dieu, jusqu'à ce que je me pardonne mes perceptions erronées, jusqu'à ce que je pardonne aux autres, aux lieux, aux circonstances et aux événements qui ont contribué à la naissance de ce sentiment, de cette pensée.
>
> Grâce au pardon total et à l'amour inconditionnel, j'efface l'ancienne forme de mon ADN, je m'en libère et je lâche prise ! Je sens (décidez ici ce que vous voulez

ressentir)! Je permets à tout problème physique, mental, émotionnel et spirituel de disparaître, et à tout comportement inapproprié basé sur mon ancienne croyance de se résorber rapidement.

Merci, Esprit, d'être venu à mon secours et de m'avoir aidé à atteindre la pleine mesure de ma création. Merci, merci, merci! Je t'aime et j'offre mes louanges à Dieu qui me comble de toutes les bénédictions.

C'est simple, n'est-ce pas?

Si vous croyez que l'Esprit ne peut rien faire pour vous, utilisez le script pour vous débarrasser de cette croyance.

Autrement dit, pensez à cette formulation : «m'aider à me débarrasser de mes doutes au sujet du pouvoir de l'Esprit» au début du script. C'est là que l'on formule la croyance ou le sentiment dont on souhaite se libérer.

En deuxième lieu, indiquez la croyance que vous souhaitez adopter, par exemple : «Je comprends maintenant que toute croyance peut être modifiée en un clin d'œil, même avec un outil aussi simple que le script».

Juste avant que ce livre n'aille sous presse, Karol m'a dit qu'elle avait une version corrigée et améliorée de son script. Elle a affirmé qu'il était plus puissant que le premier. Le voici :

Esprit/Super-conscience, je te prie de déterminer l'origine de mes sentiments ou de mes pensées à propos de (pensez ici au sentiment ou à la pensée que vous voulez modifier).

Ramène chaque niveau, couche, domaine et aspect de ma croyance à cette origine.

Analyse-la et décompose-la à la perfection, avec la vérité de Dieu.

Traverse toutes les générations de temps et d'éternité, guérissant chaque incident et ses séquelles en fonction de cette origine. Je te prie de le faire selon la volonté
de Dieu jusqu'à ce que je me retrouve dans le présent,
rempli de lumière et de vérité, de la paix et de l'amour
de Dieu ; jusqu'à ce que je me pardonne mes perceptions erronées ; jusqu'à ce que je pardonne aux autres,
aux lieux, aux circonstances et aux événements qui ont
contribué à la naissance de ce sentiment ou de cette
pensée.

Grâce au pardon total et à l'amour inconditionnel,
je permets à tout problème physique, mental, émotionnel et spirituel de disparaître, et à tout comportement
inapproprié basé sur cette origine négative, qui est inscrite dans mon ADN, de se transformer.

Je choisis d'être…

Je me sens…

Je SUIS…

Utilisez de préférence, le même sentiment positif
pour chaque énoncé visant à remplacer le sentiment
négatif.

C'est fait. Ce sentiment est guéri. Il est maintenant
accompli !

Merci, Esprit, d'être venu à mon secours et de
m'avoir aidé à atteindre la pleine mesure de ma création. Merci, merci, merci ! Je t'aime et j'offre mes
louanges à Dieu qui me comble de toutes les bénédictions.

Les deux scripts sont puissants. Lisez le merveilleux
ouvrage de Karol pour des explications plus détaillées. Entre-
temps, utilisez le script chaque fois que vous éprouvez le
besoin de vous libérer d'une vieille croyance.

Cela fonctionne presque comme par magie !

Et une fois que vous serez libéré, vous pourrez attirer pratiquement tout ce que vous pouvez imaginer !

N'est-ce pas là une façon amusante, excitante et même enivrante de vivre ?

« Il y a deux façons d'assimiler les leçons de la vie : en obéissant à des lois naturelles ou en subissant les conséquences de la non-observation de ces lois… Aucun d'entre nous ne crée consciemment la souffrance qui nous afflige. »

Karol Truman
Feelings Buried Alive Never Die…, 1998

Quatrième étape : « Nevillisez » votre but

Goddard Neville est l'un de mes auteurs spirituels préférés. Il a écrit des classiques tels que *Out of This World* et *The Law and the Promise*. C'était un homme charmant qui semblait avoir accès à un monde que la majorité d'entre nous ne voyons pas. Il enseignait aux gens à utiliser leur esprit « imaginatif », à optimiser leurs sentiments et à créer des résultats. Il a dit un jour, lors d'une allocution :

« Je vous encourage à utiliser votre imagination avec amour au nom de tous, et de croire en la réalité des gestes que vous projetez en esprit. Si vous avez un ami qui aimerait avoir un emploi rémunéré, écoutez attentivement jusqu'à ce que vous l'entendiez vous annoncer qu'il a obtenu cet emploi. Sentez sa main serrer la vôtre. Voyez le sourire qui se dessine sur ses lèvres. Utilisez tous les sens que vous pouvez transporter dans cette scène imaginaire. Persévérez jusqu'à ce que vous sentiez le frisson de la réalité, et puis oubliez cette projection et laissez la scène se matérialiser d'elle-même dans le monde extérieur. »

Vous avez sans doute remarqué que Goddard Neville ne suggère pas de se concentrer uniquement sur l'image de l'ami qui se trouve un emploi. Il vous propose également d'entendre sa voix. Et de sentir sa main qui touche la vôtre. Et de sentir le frisson de la réalité lorsque la scène se matérialise.

M. Neville a grandement contribué à la science qui consiste à attirer notre propre réalité en affirmant que nous devons d'abord sentir ce que nous voulons comme si nous l'avions déjà. J'appelle cela « nevilliser » notre but.

Je possède un ancien ouvrage de Goddard Neville, un ouvrage qu'il termine avec la phrase suivante: « Imaginez le sentiment que procure le souhait réalisé. » C'est la clé. C'est le secret. Vous devez apprendre à « nevilliser » votre but en imaginant le sentiment que vous aurez une fois votre souhait réalisé.

Comment? Commencez dès maintenant en répondant à cette question: « Qu'est-ce que je veux avoir, faire, ou être? » Ensuite, tentez de vous imprégner du sentiment qui accompagnerait cette réalisation. Autrement dit, si votre but est de réaliser deux cent mille dollars de ventes cette année, comment vous sentiriez-vous si cet objectif était déjà atteint? Imaginez le sentiment qui naîtra dès que votre intention sera concrétisée.

M. Neville suggère que vous devez sentir tout ce que vous voulez attirer. Vous le voyez peut-être en esprit, mais tant que vous ne le sentirez pas comme faisant déjà partie de la réalité, vous n'aurez pas franchi une étape clé du processus d'attraction.

C'est une étape dont on ne fait pas mention dans la majorité des ouvrages axés sur les efforts personnels. C'est une étape dont on traite rarement dans les programmes d'hypnose, de visualisation et d'autres programmes consacrés à l'exploration de l'esprit.

C'est la quatrième étape du processus entourant le facteur d'attraction.

L'ÉMOTION A DU POUVOIR

Les spécialistes du marketing savent que les gens n'agissent pas pour des raisons logiques, mais pour des raisons émotionnelles. L'émotion a du pouvoir. L'émotion a également le pouvoir de créer ce que vous voulez. Trouvez à l'intérieur de vous les sentiments associés avec le fait d'avoir, de faire, ou d'être ce que vous voulez, et vous commencerez à concrétiser ce que vous voulez. L'énergie qui se trouve dans l'émotion vous poussera vers ce que vous voulez, alors que ce que vous voulez sera poussé vers vous.

Je sais, je sais. Je deviens philosophe encore une fois. Mais j'écris au sujet de concepts spirituels, des concepts auxquels peu de gens peuvent faire référence. Il est aisé de voir pourquoi. On nous enseigne dès le berceau à prêter attention à la réalité, à obéir aux lois humaines, à vénérer des livres et des leaders.

Bien que cela puisse aider notre société à fonctionner plus en douceur (en fait, cela n'est pas encore le cas, mais c'est une autre histoire), il n'en reste pas moins que cela nous impose des limites. La croyance en des leaders, en des lois et en des autorités extérieures nous empêche de créer la vie que nous voulons.

Un jour, j'ai dit à une amie que la croyance en un gourou pouvait restreindre son pouvoir personnel relativement à la concrétisation de ses rêves. Vous verrez à quel point cela a été vrai pour moi lorsque vous lirez le chapitre intitulé *L'histoire troublante de Jonathan*. Lorsque vous donnez votre pouvoir à quelqu'un d'autre, vous dépensez votre propre énergie dans cette direction.

Si vous voulez attirer la richesse ou autre chose, vous devez être le maître de votre propre pouvoir. Vous devez être le maître de votre propre énergie. Vous pouvez demander aux autres ce qu'ils pensent de vos buts, mais en toute fin, c'est vous qui devez décider. Vous êtes la meilleure figure d'autorité que vous puissiez avoir.

Comme le dit souvent mon amie Mandy Evans : « Après avoir lu tous les livres et entendu toutes les conférences, comment savons-nous ce qu'il convient de faire ? » Bref, vous devez être le maître de votre énergie et prendre vos propres décisions.

UNE ÉNERGIE PUISSANTE

La gratitude est l'une des énergies les plus puissantes dont on puisse faire l'expérience. Ressentez de la gratitude pour tout, et vous vous sentirez mieux. Ressentez de la gratitude pour votre vie, vos poumons, votre foyer, ce livre ; peu importe. Une fois que vous vous sentirez reconnaissant, vous serez investi d'une énergie qui peut faire des miracles.

C'est Jonathan qui m'a enseigné ceci. Je me rappelle être allé le voir lorsque j'étais sans le sou et déprimé. L'une des premières choses qu'il a faites a été de m'amener à réaliser que j'étais choyé par la vie. Lorsque vous comparez votre propre vie à celle des gens qui vivent dans les pays du tiers monde, vous vous rendez rapidement compte que vous vivez comme un roi ou une reine. Vous avez de la nourriture, de l'eau et un toit sous lequel vous abriter, ainsi qu'un réfrigérateur, un téléviseur, une radio et probablement un ordinateur. Des millions de gens n'ont rien de tout ça.

Comprenez que vous bénéficiez d'une immense abondance dès maintenant, soyez-en reconnaissant, et vous attirerez dans votre vie une abondance encore plus grande.

UNE AUTOGUÉRISON

Mon ami Jonathan Morningstar (un autre Jonathan) s'est un jour guéri lui-même d'une terrible maladie au moyen d'un simple énoncé de gratitude.

Jonathan souffrait d'une double pneumonie. Rien ne semblait pouvoir l'aider. Et puis, il a eu l'idée de rédiger une phrase, simple et puissante, qu'il a répétée à toutes les heures, enregistrée sur cassette et réécoutée, et écrite sur des affichettes qu'il a placées un peu partout dans la maison. Son être tout entier a absorbé ce bref énoncé.

Et en l'espace de vingt-quatre heures, Jonathan était guéri. Quel énoncé a-t-il utilisé ?

« Merci, mon Dieu, pour toutes les bénédictions que j'ai et pour toutes celles que je reçois. »

Je ne suis pas un scientifique, et je ne prétendrai pas être en mesure d'expliquer comment cela fonctionne. D'une certaine manière, notre énergie envoie des signaux qui attirent une quantité encore plus grande de ces mêmes signaux. Modifiez ces signaux, et vous modifierez les résultats que vous obtiendrez. Modifiez votre énergie, et vous modifierez ce dont vous faites l'expérience. « Les résultats que vous obtenez se mesurent à l'énergie que vous dégagez. »

C'est ça le facteur d'attraction.

Encore une fois, la gratitude peut tout réorienter. Commencez à vous montrer sincèrement reconnaissant pour ce que vous avez. Regardez vos mains, ou ce livre, ou votre animal domestique, ou tout ce que vous aimez et êtes heureux d'avoir. Imprégnez-vous de ce sentiment.

C'est l'énergie qui peut vous aider à concrétiser tout ce que vous désirez.

IMAGINEZ LE RÉSULTAT

Une autre énergie dont vous voudrez faire l'expérience est celle qui est générée par le simple fait d'imaginer ce que vous ressentiriez si vous aviez, faisiez, ou étiez ce que vous voulez. Cela peut être amusant.

Imaginez combien il serait agréable d'avoir ce que vous souhaitez, d'être ce que vous voulez, de faire ce dont vous rêvez. Imprégnez-vous des sentiments électrisants que ces images génèrent en vous. Ces sentiments peuvent créer la vie que vous voulez. Ils peuvent la concrétiser pour vous. Ces sentiments vous dirigent en quelque sorte, vous guident, vous indiquent ce qu'il convient de faire pour provoquer les événements.

Goethe, le grand penseur allemand, a sans doute mieux exprimé cette idée lorsqu'il a écrit le message inspirant qui suit :

> « Avant d'être totalement engagé, l'hésitation nous
> tenaille, il reste une chance de se soustraire
> à l'initiative.
> Toujours la même impuissance devant la création.

> « Il existe une vérité première dont l'ignorance
> a déjà détruit d'innombrables idées et de superbes
> projets : au moment où l'on s'engage totalement,
> la providence éclaire notre chemin.

> « Une quantité d'éléments sur lesquels l'on ne pourrait
> jamais compter par ailleurs contribue à aider
> l'individu. La décision engendre un torrent
> d'événements et l'individu peut alors bénéficier d'un
> nombre de faits imprévisibles, de rencontres et du
> soutien matériel que nul n'oserait jamais espérer.

> « Quelle que soit la chose que vous pouvez faire ou
> que vous rêvez de faire, faites-la !
> L'audace a du génie, de la puissance
> et de la magie. »

LA CAMÉRA

Je me trouvais à Seattle où j'étais allé rendre visite à des amis. Un soir, j'ai allumé la télévision et j'ai vu la fin d'une entrevue fascinante avec Larry King et le célèbre acteur et chanteur, Andy Griffith. Andy parlait de l'un de ses premiers films. Sans le savoir, il a dit quelque chose de très pertinent se rapportant au facteur d'attraction en parlant d'un réalisateur qui lui avait dit: «La caméra n'est qu'une machine. Elle enregistre ce qu'on lui présente. Tout ce que vous avez à faire, c'est penser à quelque chose, ressentir ce quelque chose, et la caméra l'immortalisera. »

Et puis on a projeté une scène du film dont parlait Andy Griffith, une scène où il regardait une femme avec le cœur rempli de désir. On voyait clairement dans les yeux de l'acteur qu'il projetait des pensées plutôt torrides. Larry King a dit plus tard: «C'est l'un des regards les plus perçants de l'histoire du cinéma. »

L'univers est comme la caméra. Pensez à quelque chose, ressentez quelque chose, et l'univers captera ce signal et le projettera dans la réalité. Le conseil qui a été donné à Andy Griffith à ses débuts est le conseil que je veux vous donner. Lorsque vous savez ce que vous voulez, il suffit simplement d'y penser et de le ressentir. C'est tout. L'univers, l'esprit de tout ce qui existe, captera ce signal et en fera une réalité.

PRENDRE FEU

Voici autre chose d'également puissant. Lorsque Jonathan Jacobs et moi faisons cet exercice, nos niveaux d'énergie grimpent en flèche. Il y a tellement d'énergie qui se dégage de nous que les prises de courant de la maison prennent feu.

C'est la vérité! Lorsque je vivais dans le taudis dont j'arrivais à peine à payer le loyer, le système électrique s'est embrasé. Les réparations ont coûté sept mille dollars au propriétaire.

Lorsque Jonathan a commencé à faire des expériences avec l'énergie, le coffret de fusibles de son garage a pris feu. Bien que ce ne soit pas pour cette raison que l'on m'appelle «Mr Fire», cela prouve que lorsqu'on effectue des changements à l'intérieur de nous, d'autres changements se produisent à l'extérieur. Jonathan a dû remplacer son coffret de fusibles. Mon propriétaire a dû remplacer l'ensemble du système électrique de la maison. Et comme mon énergie augmentait, j'ai dû déménager dans une maison plus grande munie d'un câblage électrique plus résistant.

Encore une fois: *ce à quoi vous souscrivez dans votre monde intérieur crée ce que vous vivez dans la réalité extérieure.*

VOTRE MONDE INTÉRIEUR DEVIENT LA RÉALITÉ

Un jour, Jonathan et moi dînions dans un restaurant chinois bien connu lorsque nous nous sommes rendu compte que l'endroit était presque désert. Les propriétaires semblaient préoccupés. Ils étaient en conciliabule près de la caisse enregistreuse. Habituellement, ils venaient à notre rencontre, souriaient, bavardaient et nous traitaient comme des rois. Il était clair que quelque chose n'allait pas. Je l'ai fait remarquer à Jonathan, en disant: «Ils semblent être préoccupés par l'argent.»

Jonathan a répondu: «C'est la raison pour laquelle ils sont préoccupés.»

Tout d'abord, mon esprit s'est figé. Et puis, je me suis mis à rire. Jonathan m'a demandé ce qu'il y avait d'aussi amusant. J'ai fait de mon mieux pour l'expliquer :

« As-tu été un maître zen dans une vie antérieure ou quoi ? ai-je commencé. Tu viens d'énoncer l'une de ces énigmes impossibles à résoudre qu'affectionnent les maîtres zen.

– Qu'est-ce que tu veux dire ?

– J'ai dit que ces gens semblaient préoccupés par l'argent, et tu as dit que c'était la raison pour laquelle ils étaient préoccupés. Pour le monde extérieur, cela n'a aucun sens.

– Mais c'est la vérité, a expliqué Jonathan.

– Cette préoccupation vis-à-vis l'argent était déjà présente en eux avant de se manifester. Ils la voient maintenant dans le monde extérieur. Ils expriment leur croyance. »

Il a ensuite poursuivi en me parlant de l'un de ses clients qui dirigeait un restaurant indien et qui se trouvait en fâcheuse posture. Ses affaires n'étaient pas florissantes. Lors d'une séance avec Jonathan, il avait réalisé qu'il ne souhaitait pas du tout diriger un restaurant. Une fois que cela a été clair dans son esprit, il a tout vendu. Et les clients se sont mis à affluer sous la bannière du nouveau propriétaire.

« Lorsqu'on prête attention à ce qui se passe à l'intérieur, des résultats se manifestent à l'extérieur », a dit Jonathan.

VAINCRE LA DOULEUR

À une autre occasion, il m'a dit : « Lorsqu'on a assimilé les leçons, les expériences deviennent inutiles. »

Aussi bizarre que ces affirmations puissent vous paraître, elles se sont révélées pertinentes dans ma vie personnelle.

Par exemple, une entreprise avait retenu mes services pour l'aider à promouvoir un séminaire qu'elle donnait à Dallas. Après avoir donné des conseils aux dirigeants, je me suis mis en colère lorsque j'ai constaté qu'ils avaient fait exactement le contraire. Ils allaient tout droit à l'échec.

J'en ai parlé à Jonathan. Il m'a demandé ce que j'avais retiré de tout ça. Autrement dit, il me demandait en quoi cette situation était avantageuse pour moi? En quoi cela me servait-il de supposer que j'étais en partie responsable des erreurs commises par l'entreprise? J'ai réfléchi et j'ai trouvé la réponse.

« Son échec me libère de la pression que le désir de réussir exerçait sur moi, ai-je dit. On m'avait embauché pour faire un grand succès de ce séminaire. Je n'étais pas certain d'y parvenir. Mais en ne m'écoutant pas, les dirigeants de l'entreprise ont fait en sorte que l'événement soit presque inévitablement un fiasco. En constatant leur échec, je peux les pointer du doigt et dire: "C'est votre faute, et non la mienne." »

Cela revient encore une fois à dire que ce que nous faisons et ressentons à l'intérieur façonne largement nos expériences.

Peu importe la situation dans laquelle nous nous trouvons, une partie de nous a contribué à son existence.

Prenez conscience de la situation, débarrassez-vous de vos vieilles croyances, libérez de l'énergie et vous pourrez aller de l'avant et créer ce qui vous sert le mieux, et ce qui apportera le plus de joie. L'une des meilleures façons d'y arriver consiste à se concentrer sur ce que vous voulez, sur ce que vous ressentirez en ayant, étant ou faisant ce que vous souhaitez. C'est ainsi que vous commencerez à attirer tout cela dans votre vie.

ÉCRIVEZ LE SCÉNARIO DE VOTRE AVENIR

Une technique fantastique pour vous aider dans ce domaine consiste à rédiger le scénario de votre avenir.

Ce sont mes vieux amis Jerry et Esther Hicks qui m'ont fait découvrir cette méthode. Le concept est plus compliqué qu'il n'y paraît.

Imaginez que vous avez déjà ce que vous voulez et écrivez une scène qui en fait la description. Mettez-y beaucoup de détails, de manière à bien la sentir. Prétendez que vous êtes réalisateur et rédigez un scénario dépeignant ce que vous voulez vivre. Imprégnez-vous du sujet. Sentez-le. Vivez-le.

J'ai un cahier de notes rempli de tels scénarios. Chacun d'eux est devenu une réalité. Encore une fois, lorsque vous pensez à une situation et la sentez, elle se matérialise.

Pourquoi ne pas prendre quelques minutes et rédiger votre propre scénario dès maintenant, ici même? Prenez une feuille de papier si vous ne voulez pas écrire dans ce livre. Et sachez que le moment présent est idéal pour créer votre avenir.

Un conseil de Neville pourrait vous être utile ici. Il est tiré de son ouvrage intitulé *Immortal Man*, et il est efficace pour les hommes comme pour les femmes.

« Premièrement, caressez un rêve, et quand je parle de rêve, je veux dire un rêve éveillé, un rêve merveilleusement éveillé. Et puis demandez-vous : « *À quoi cela ressemblerait-il si j'étais véritablement la personne que je rêve d'être. À quoi cela ressemblerait-il ?* » Et puis, captez l'ambiance du désir réalisé et imprégnez-vous-en. »

Maintenant, choisissez ce que vous souhaitez vivre, peu importe quoi. Faites-en la description, comme si cela était déjà réel. Au lieu d'écrire : « Je veux qu'un client m'appelle pour passer un grosse commande, écrivez : « Un tout nouveau client vient de m'appeler pour passer une commande d'une valeur de cinq mille dollars. Je me sens merveilleusement bien ! J'ai reçu cet appel il y a seulement quelques minutes. J'ai encore un sourire sur les lèvres, comme si faire affaire avec ce client était un ravissement. Il m'a même donné son numéro de carte de crédit et je valide actuellement la transaction. »

Vous avez saisi l'idée. Prétendez que la journée est terminée et que vous inscrivez dans votre journal l'expérience que vous aviez souhaitée vivre, après l'avoir vécue. Soyez précis. Réjouissez-vous. Appréciez le processus. Décrivez la situation comme vous la souhaitez, après le fait. Et faites-le dès maintenant.

POURQUOI PAS ?

Vous n'avez pas rédigé de scénario ? Pour quelle raison ?

C'est au moment présent que l'on crée le moment suivant. Ce que vous faites dès maintenant forme l'énergie que vous dégagez pour attirer ce que vous obtiendrez plus tard. C'est le facteur d'attraction, ne l'oubliez pas. En rédigeant un scénario, et en vous assurant de le faire avec émotion, vous créez une « forme de pensée » puissante, une boule d'énergie qui se disperse dans l'univers pour concrétiser ce scénario.

Ceci est trop important pour être négligé. Nous sommes tous reliés sur le plan de l'énergie. En 1943, Lucius Humphrey a écrit dans un précieux petit ouvrage intitulé *On the Beam* : « Bien que nous pensions à nous en tant qu'individus, nous faisons quand même partie d'un tout. Nous sommes des êtres distincts mais rien ne nous distingue en tant qu'espèce. »

Parce que nous sommes tous reliés « en coulisse » sur le plan de l'énergie, nous pouvons adresser des requêtes globales à l'univers et, si nous ne sommes pas trop attachés au résultat et prêts à recevoir ce que nous avons demandé, nous recevrons ce que nous avons demandé, ou quelque chose d'encore mieux. Les gens qui ont un rôle à jouer dans la concrétisation de votre requête sentiront votre énergie. (N'oubliez pas que nous sommes tous reliés). L'esprit qui les habite se mobilisera pour vous aider à atteindre vos buts.

C'est la formule spirituelle du succès qui n'échoue jamais, c'est garanti !

C'est le facteur d'attraction !

Revenez en arrière et rédigez votre scénario !

VOUS IMPRIMEZ VOTRE ÉNERGIE

Il vaut la peine de mentionner ici que vos cartes professionnelles, votre papier à en-tête, vos dépliants, vos lettres publicitaires et vos annonces – tout ce que vous produisez ou ce que produisent ceux que vous embauchez pour promouvoir votre entreprise – sont tous porteurs d'énergie. Par conséquent, ils attireront ou repousseront les clients que vous dites vouloir.

Pensez aux dépliants et aux lettres que vous recevez par la poste. Dès le premier coup d'œil, vous ressentez quelque chose à propos du service qui vous est offert. Vous vous dites peut-être immédiatement : « *Cela semble intéressant* » ou : « *C'est bon pour la poubelle* ».

Je ne parle pas uniquement de l'aspect visuel de ce matériel publicitaire, bien que cela ait un rôle à jouer. Lorsque vous, ou un employé contractuel, créez un document à des fins de marketing, vous y mettez vos pensées et vos sentiments. Il n'est pas nécessaire d'être médium pour sentir cette vibration. Si, inconsciemment, vous ne croyez pas en votre produit ou service, cette croyance se dégagera de votre matériel publicitaire. Et les gens le sentiront. Et vos affaires s'en ressentiront.

Encore une fois, les sentiments attirent les miracles. Lorsque vous savez ce que vous voulez, que vous êtes apte à le recevoir et pouvez en sentir l'énergie, vous commencez à l'attirer à vous. Et lorsque vous sentez clairement cette énergie, vous produisez du matériel publicitaire qui en est le reflet. Voici un exemple.

Lorsqu'il m'est arrivé d'écrire une lettre publicitaire pour vendre un logiciel dans lequel je croyais beaucoup, j'ai obtenu des résultats sidérants. Les gens ont lu ma lettre et ont senti ma sincérité et les avantages du produit. Par conséquent, plus de six pour cent d'entre eux l'ont acheté. Dans le monde du publipostage, c'est un excellent résultat.

Mais lorsque j'ai écrit une lettre publicitaire pour vanter un service dans lequel je ne croyais pas, je n'ai reçu pratiquement aucune réponse. Pourquoi? Le même rédacteur avait produit les deux lettres. Mais le peu de confiance que j'avais dans le second produit a été transmis aux gens. Ils ont capté mes vibrations et ont «su» qu'il valait mieux ne rien commander.

Voici un autre exemple. J'ai reçu une invitation à participer à un atelier à Seattle. Je n'avais devant moi qu'une photocopie trop sombre du dépliant original. Je n'ai donc pas été ébloui par des couleurs chatoyantes, une typographie soignée, un texte adroit, ou des illustrations incroyables. Mais quelque chose se dégageait du dépliant et me disait: «Inscris-toi à cet événement.» Je l'ai fait.

Lorsque j'ai parlé à des participants au séminaire, tous ont dit avoir eu la même impression. Un grand nombre d'entre eux ont ajouté : « Je ne sais même pas pourquoi je suis ici. J'ai vu le dépliant et j'ai su qu'il fallait que je vienne. » Les gens qui avaient organisé l'atelier savaient clairement ce qu'ils voulaient. Cette confiance transparaissait dans leur dépliant. Et les gens se sont inscrits.

Comparez ce cas avec celui d'une entreprise pour laquelle j'ai travaillé à une occasion et qui voulait organiser un séminaire traitant du marketing sur Internet. Cette entreprise ne cherchait qu'à faire des profits. Elle n'avait pas à cœur ce qu'elle offrait et n'était pas habitée du désir sincère de servir les gens. Cette attitude était manifeste dans ses dépliants. Lorsque l'événement a été annoncé, elle s'attendait à plus de deux cents inscriptions. Seulement vingt personnes se sont présentées.

On ne peut pas duper le facteur d'attraction.

LA PUBLICITÉ FONCTIONNE

J'ai remarqué que de nombreuses personnes ont une attitude négative envers la publicité. Je crois que c'est là une vision restrictive. Une annonce peut contribuer à faire connaître votre entreprise. Elle peut devenir une autre voix qui travaille pour vous. Elle peut aussi être spirituelle.

Un jour, je dînais avec Jerry et Esther Hicks, et un ami. Nous parlions de marketing en général et de publicité en particulier. Mon ami a dit : « Il n'est pas nécessaire de faire de la publicité.

– Ce n'est pas nécessaire, ai-je dit, mais on peut vouloir en faire. Une bonne annonce peut faire grimper le chiffre d'affaires de ton entreprise.

– La dernière fois que nous avons fait paraître une annonce dans un magazine, a commencé Jerry, nous avons eu tant de réponses que nous avons eu de la difficulté à toutes les gérer. J'ai fait cesser sa parution pendant que j'embauchais du personnel supplémentaire.

– Peu importe ce que l'on met dans l'annonce, a ajouté Esther. Les gens sentent qui tu es et ce que tu offres, et ils prennent une décision en se fiant à leur impression.»

Jerry et Esther m'avaient embauché pour rédiger leurs textes publicitaires parce qu'ils savaient que je croyais en leurs produits et services. Si je n'y avais pas cru, mes textes l'auraient montré. Et s'ils n'y avaient pas cru eux-mêmes, le rédacteur qu'ils auraient embauché pour créer leur matériel publicitaire aurait reproduit leur attitude.

Mon amie Sandra Zimmer, qui dirige le Self-Expression Center à Houston, connaît également le pouvoir de la publicité fondée sur la spiritualité.

Sandra insuffle consciemment son énergie dans son matériel publicitaire. Elle s'assoit devant son texte et elle médite, y envoyant son énergie. Par conséquent, sa publicité a une qualité magnétique. Elle m'a dit un jour que les gens avaient été fidèles à sa publicité pendant sept ans. Je le sais, car j'ai pu voir les annonces de Sandra pendant de nombreuses années avant de faire sa connaissance. Même si ce matériel publicitaire n'était pas vraiment différent, il dégageait quelque chose de particulier, d'inoubliable. Et ce quelque chose était l'énergie de Sandra.

Un jour, Sandra m'a dit: «La publicité est importante. Mais c'est l'énergie qu'on y insuffle qui fait tout le travail. C'est véritablement la loi de l'attraction qui fait son œuvre.»

Encore une fois, ce que vous êtes à l'intérieur crée les résultats que vous obtenez dans le monde extérieur. Votre monde intérieur devient la réalité. Même votre matériel de marketing véhicule votre énergie. Sachez clairement ce que vous voulez, sentez l'énergie de ce que vous voulez faire, être, ou avoir, et vous vous dirigerez tout naturellement dans la bonne direction et l'attirerez à vous.

LA MÉTHODE DE JONATHAN

Étant donné que je travaille avec Jonathan Jacobs depuis plus de dix ans, le voyant presque chaque semaine, j'ai une bonne idée de la méthode qu'il préconise pour obtenir des résultats. Comme vous le savez maintenant, il a été en mesure de m'aider, et d'en aider bien d'autres, à accomplir des miracles. Je crois que sa méthode en trois étapes vaut la peine qu'on s'y attarde. Voici à quoi ressemble une séance avec Jonathan :

Nous nous réunissons à son bureau, et il me demande ce que je veux. C'est l'étape de la « formulation de l'intention ». Une fois que vous avez déterminé le résultat, le reste n'exige presque aucun effort. Donc, Jonathan commence toujours par se concentrer sur ce que vous désirez. *Que voulez-vous ?*

Nous nous penchons ensuite sur la façon de concrétiser mon désir. Évidemment, c'est l'étape de la « clarification de l'intention ». Jonathan met à profit ses habiletés verbales pour m'aider à reconnaître les blocages qui m'empêchent de réussir. *Qu'est-ce qui entrave votre réussite ?*

Nous dirigeons ensuite de l'énergie vers l'intention. En d'autres termes, étant donné que nous avons un objectif, et que nous avons précisé et clarifié tout ce qui pouvait encombrer la trajectoire menant à sa concrétisation, nous dirigeons de l'énergie vers ce but, à travers notre corps. *Où pouvez-vous trouver l'énergie qui vous aidera à réussir ?*

Comme vous l'avez probablement constaté, Jonathan a recours aux sentiments lors de la dernière étape de sa méthode afin d'attirer ce que vous désirez. C'est ainsi que l'on utilise le facteur d'attraction. Autrement dit, il m'a aidé à attirer de l'énergie dans mon corps, en nourrissant l'idée que cela m'aiderait à concrétiser mon intention.

Je vais tenter de vous l'expliquer en utilisant mes notions de Qi Gong.

DES SECRETS CHINOIS ANCESTRAUX

Le Chi Kung, ou Qi Gong, est un ancien art de guérison chinois. Il ressemble au tai chi en ce sens qu'il a recours à des mouvements lents, à la conscience du corps, et à la canalisation intentionnelle de l'énergie interne afin de produire des résultats. Le Chi Kung est utilisé pour guérir, reconstruire, améliorer l'énergie et la circulation, ainsi que pour assurer et maintenir la santé du corps et de l'esprit.

On peut faire un simple exercice de Qi Gong pour attirer l'énergie dans notre corps afin qu'elle attire à son tour ce que nous voulons. Par exemple :

Précisez votre intention, votre but.

Débarrassez-vous des blocages qui pourraient entraver l'atteinte de votre but.

Faites affluer l'énergie dans votre corps tout en ne perdant pas de vue votre intention.

C'est plus facile qu'il n'y paraît de prime abord. Il suffit de respirer. En respirant, imaginez que l'air que vous absorbez est de l'énergie. Visualisez-le en train de voyager dans votre corps et de cheminer vers la concrétisation de vos désirs.

Une grande partie du Qi Gong repose sur l'utilisation de l'esprit pendant que vous respirez et bougez. C'est ce que je vous demande de faire ici. Visualisez votre but comme si vous l'aviez déjà atteint. Peut-être serez-vous incapable de le voir clairement, mais vous pourrez tout de même en imaginer les grandes lignes. Allez-y. Utilisez votre esprit pour faire l'expérience de votre intention.

Pendant que vous respirez, imaginez que l'air que vous absorbez est de l'énergie qui se dirige vers cette représentation mentale. Voyez l'énergie qui l'alimente, l'a fait vivre. Imaginez que cette énergie est magique et qu'elle insuffle la vie à votre intention.

Lâchez prise. Il n'est pas nécessaire d'en faire plus. Et comme vous le verrez dans la prochaine section, qui traite de la dernière étape de la formule du facteur d'attraction, il est important de savoir lâcher prise.

UN DÉSIR BRÛLANT

Lorsque je me trouvais en Australie en mai 1999, j'ai appris que de nombreuses graines ne germent pas ni ne poussent à moins d'avoir été préalablement brûlées.

Dans le corps humain, on fait germer les graines du désir avec la chaleur de l'émotion. Chaque fois que vous ressentez de l'amour ou de la peur, deux émotions très fortes, vous allumez une flamme. La chaleur qu'elle dégage atteint les profondeurs de votre esprit et fait germer la graine, ou l'image, de ce que vous voulez obtenir. Vous mettez vos sentiments à pied d'œuvre.

Lors de cette étape, il convient de ressentir avec joie l'énergie de ce que vous voulez faire, être, ou avoir. Comme l'a écrit Joseph Murphy dans son petit ouvrage intitulé

Comment attirer l'argent*: «La conscience de la richesse produit la richesse.»

Ou comme l'a écrit William E. Towne, en 1920: «Une pensée n'est puissante que lorsqu'elle est épaulée par un sentiment. Les sentiments confèrent sa réactivité à la pensée. Se contenter d'affirmer ce que l'on désire, sans foi ni émotion, ne donnera que peu de résultats.»

Et le juge Thomas Troward a écrit dans son ouvrage intitulé *The Hidden Power*: «Notre pensée en tant que sentiment est l'aimant qui attire à nous ces circonstances qui lui correspondent exactement.»

Ressentez de la joie à l'idée d'avoir ce que vous voulez, faites-le dès maintenant, et vous commencerez à l'attirer à vous, et vice versa.

> «Le cycle tout entier de l'abondance mentale, spirituelle et matérielle peut être résumé en un mot: Gratitude.»
>
> — JOSEPH MURPHY
> *Votre droit absolu à la richesse*

---

* Condensé de ce best-seller produit aux éditions Un monde différent sous format de cassette audio.

Cinquième étape :
L'ultime secret

Voici un secret qui pourrait vous surprendre : Lorsque vous voulez quelque chose, mais que cela n'est pas essentiel à votre bien-être, vous augmentez vos chances de l'obtenir.

C'est là l'une des ironies de la vie. Tant que vous jouez avec l'idée d'obtenir quelque chose, sans en faire une obsession, l'univers vous l'accordera probablement plus rapidement.

Mais dès que vous vous dites : « *Je dois avoir ceci ou cela* », vous commencez à le repousser.

Pourquoi ?

Parce que vous dégagez une énergie qui éloigne de vous ce que vous désirez.

Parce que vous vous concentrez sur le besoin et non sur le moment.

Parce que vous ne connaissez pas l'ultime secret, la cinquième étape : *Lâcher prise.*

L'AMOUR DE L'EGO

Il y a quelques années, j'ai découvert que la majorité d'entre nous, moi inclus, n'aimons pas lâcher prise parce que nous n'avons plus rien contre quoi lutter. Ce n'est pas dramatique. La majorité d'entre nous avons le sentiment que s'il n'est pas nécessaire de se battre, nous n'accomplissons rien ou n'allons nulle part. La lutte donne un sens à l'accomplissement. Du moins, pouvez-vous dire : « Hé, j'ai essayé. »

L'ego est fortement stimulé par la lutte. L'ego a l'impression qu'il accomplit quelque chose de valable. C'est très bien. Si votre ego a besoin d'une tape dans le dos, laissez-le lutter pour certaines des choses que vous désirez. Mais en fait, ce n'est absolument pas nécessaire. Encore une fois, il peut en être autrement… cela peut être beaucoup plus facile.

Je donnais autrefois un cours intitulé « The Inner Game of Writing ». Il était conçu d'après le modèle proposé par Tim Gallwey, qui a écrit *The Inner Game of Tennis* et qui est le coauteur de plusieurs autres ouvrages traitant du « jeu intérieur ». J'ai découvert qu'il y a au moins deux entités distinctes à l'intérieur de nous, non pas des personnalités distinctes mais plutôt deux aspects de notre esprit. Tim Gallwey les appelle le « premier moi » et le « second moi ».

Le « premier moi » peut être associé à notre ego, cette partie de nous qui veut exercer un contrôle.

Le « second moi » peut être associé au maître intérieur qui nous habite, cette partie de nous qui est reliée à toutes choses.

La tâche du premier moi consiste à déterminer ce que nous voulons et à lâcher prise.

La tâche du second moi consiste à l'attirer à nous.

Tim Gallwey a découvert que lorsque les gens apprennent à lâcher prise et à avoir confiance, ils obtiennent ce qu'ils veulent plus souvent qu'autrement, et cela beaucoup plus facilement que s'ils avaient lutté pour arriver à leurs fins.

Le même concept s'applique à votre vie. Déterminez ce que vous voulez et laissez Dieu ou l'univers (l'entité qui compte le plus pour vous) vous l'apporter. Laissez à cette entité le soin d'orchestrer les événements qui permettront la concrétisation de vos rêves. Débarrassez-vous de ce besoin de savoir comment vous y arriverez. Cela peut devenir une contrainte.

Si vous choisissez de concrétiser quelque chose, mais n'arrivez pas à imaginer une façon d'y parvenir, vous abandonnerez peut-être. L'esprit conscient ne peut pas voir toutes les possibilités. Concédez le pouvoir et vous laisserez le champ libre à l'univers qui vous apportera tout ce que vous voulez.

Difficile à avaler? Alors, permettez-moi de vous raconter une anecdote…

LE MIRACLE DES SECRETS PERDUS

Lorsque je travaillais à la rédaction de l'un de mes premiers livres, *The Seven Lost Secrets of Success*, j'étais obsédé par mon projet. J'ai consacré deux ans de ma vie à une mission visant à rendre hommage à Bruce Barton, un homme qui a influencé notre pays mais qui a ensuite sombré dans l'oubli.

Un jour, j'ai reçu un appel d'un médecin qui vivait dans l'ouest du Texas. Il voulait que je lui serve de prête-plume pour écrire un livre. Bien que réticent, j'ai quand même cru bon de le rencontrer. J'ai pris l'avion, je suis allé chez lui, j'ai négocié les termes d'un contrat, et je suis rentré à Houston avec un chèque important en guise de provision pour mes services d'écrivain.

Les semaines ont passé. Et puis les mois. Pendant cette période, j'ai concentré la majeure partie de mon énergie à la rédaction de mon ouvrage sur Barton. J'ai consacré très peu de temps au livre du doc, et je n'ai pas eu de ses nouvelles. J'ai finalement décidé qu'il me fallait lui rendre visite et lui présenter une ébauche du manuscrit. J'ai donc réservé un vol et commencé à écrire. Mais une chose étrange est arrivée. Chaque fois que je téléphonais au bureau du médecin, personne ne répondait. Cela a duré des jours. Et puis, la veille de mon départ, quelqu'un a répondu au téléphone. C'était le directeur de la clinique.

« Bill, c'est Joe Vitale, ai-je commencé.

– Salut, Joe. » Son ton était penaud.

« Que se passe-t-il ? Cela fait des jours que personne ne répond au téléphone.

– Eh bien, les plans ont changé.

– Quoi ? »

Bill a grommelé quelques mots. Je lui ai demandé de répéter. Je n'arrivais pas à croire ce que j'avais entendu.

« Le doc est en prison », a-t-il confirmé.

Vous dire que j'étais abasourdi serait un mensonge. J'étais en état de choc. Incapable de prononcer un mot.

« Le doc est en prison !?! », suis-je parvenu à articuler. « Bill, que s'est-il passé ?

– Eh bien, le doc n'a pas respecté les conditions de sa libération conditionnelle. »

Encore une fois, c'était le choc.

« Vous voulez dire qu'il était DÉJÀ allé en prison ? !

– Eh bien, le doc a envoyé une bombe à son ex-femme, il a été pris et il a été emprisonné, a expliqué Bill. Il a été libéré et a pu reprendre ses activités professionnelles, mais il n'avait plus le droit de jouer avec des bombes ou des armes à feu.

– Ne me dites pas…, ai-je dit.

– Eh oui, on a trouvé des bombes dans son bureau. »

Il m'a fallu un certain temps pour me remettre de cette histoire. Mais je veux que vous remarquiez le miracle auquel elle a donné lieu. Lorsque j'ai signé le contrat avec le médecin, il m'a versé une grosse somme d'argent. De l'argent non remboursable. De l'argent qui m'a permis de travailler à mon ouvrage sur Barton.

Et puis, lorsque le docteur a été emprisonné, j'ai été libéré de mes obligations contractuelles. Je n'avais plus à écrire son livre. Et même tenter de lui rendre son argent aurait été inutile, et rien ne m'y obligeait. Le doc était parti.

D'une certaine manière, Dieu ou l'univers (ou appelez ce pouvoir invisible comme bon vous semble) a dessiné le décor de ce grand événement. Aurais-je pu l'orchestrer moi-même ? C'est fort peu probable. Comment aurais-je rédigé la petite annonce ?

« Recherche médecin : doit être un ex-détenu, vouloir écrire un livre, et être prêt à retourner en prison pendant six mois de manière à ce que je puisse garder son argent. »

Je ne crois pas.

VOTRE PARTENAIRE DOIT
SAVOIR CE QU'IL VEUT, LUI AUSSI

Encore une fois, lorsque vous saurez clairement ce que vous voulez, vous serez attiré par cette chose, et les événements l'attireront vers vous.

Jonathan en est témoin tous les jours. Deux médecins de Seattle qui n'arrivaient pas à s'entendre sur le local pour bureau dont ils avaient besoin sont allés consulter Jonathan. Ils ont trouvé un terrain d'entente après une seule séance. En l'espace de vingt-quatre heures, ils avaient trouvé un local adéquat et signé un bail.

J'ai vu la même chose se produire lorsque mon ex-femme et moi avons voulu acheter une maison ensemble il y a de nombreuses années (à l'époque où nous étions encore mariés, bien sûr). Si vous tentez de concrétiser un désir alors qu'une autre personne est impliquée, chacun des partenaires doit d'abord formuler cette intention avec précision.

Pour ce qui est de la maison que je souhaitais, j'avais fait cet exercice de mon côté. Mais rien ne se passait. Finalement, mon ex-femme est allée consulter Jonathan. Elle s'est débarrassée de quelques vieilles croyances à propos de sa propre valeur et de l'argent. Et le lendemain, un agent immobilier nous a téléphoné. Trois jours plus tard, nous emménagions dans notre nouvelle demeure. Et cela après avoir attendu plus de douze mois !

Voulez-vous que je vous donne un exemple tiré du monde des affaires ?

UN NOUVEAU SIGNAL INTERNE
POUR DE NOUVEAUX RÉSULTATS

Dan Poynter est l'un de mes bons amis. C'est un spécialiste de renommée mondiale de l'édition à compte d'auteur. Il a écrit plusieurs livres, dont le célèbre *Self-Publishing Manual*. Les fins de semaine, Dan donne également des séminaires traitant de l'autoédition et de l'autopromotion. Cela fait dix ans qu'il anime ces ateliers, et il a aidé des centaines de gens, mais il a toutefois toujours eu de la difficulté à remplir ses classes. Un jour, Dan m'a appelé pour me demander de l'aide.

« Joe, je veux que tu rédiges pour moi un dépliant qui sera si convaincant que les gens s'inscriront à mon séminaire sans que j'aie à lever le petit doigt. »

Remarquez ce que Dan était en train de faire. Il savait ce qu'il ne voulait pas (faire des pieds et des mains pour attirer la clientèle), et il savait ce qu'il voulait (que les gens l'appellent et s'inscrivent spontanément). Ayant clairement précisé ces deux points dans son esprit, il a été amené à communiquer avec moi. Lorsque j'ai accepté de créer un nouveau dépliant pour Dan, que lui restait-il à faire ?

Lâcher prise.

Il devait lâcher prise. Il devait avoir la certitude qu'il avait embauché la bonne personne et que tout irait bien. Même s'il l'ignorait, « lâcher prise » est une étape clé du processus entourant le facteur d'attraction. Il la franchissait intuitivement.

J'ai conçu un dépliant pour Dan, il l'a adoré et l'a fait imprimer. Quelques semaines plus tard, je lui ai téléphoné et il m'a dit : « Mon séminaire est déjà vendu.

– C'est vrai ? », me suis-je écrié, ravi. Mais Dan m'a tout de suite arrêté.

— Mais ce n'est pas grâce à ton dépliant, a-t-il dit.

— Non ?

— Le séminaire s'est vendu il y a deux semaines, et ce n'est que la semaine dernière que j'ai posté le nouveau dépliant. Le publipostage a été fait en retard.

— Alors que s'est-il passé ? ai-je demandé. Comment le séminaire a-t-il été vendu ? »

Dan l'ignorait. Mais voici ce que je soupçonne. Comme vous le savez maintenant, l'énergie que vous dégagez engendre les résultats que vous obtenez. Lorsque Dan a formulé sa nouvelle intention, me demandant de créer son nouveau dépliant, il a modifié le signal interne qu'il envoyait. *Modifiez votre monde intérieur, et vous modifierez le monde extérieur.* Dan n'avait même pas besoin de poster son nouveau dépliant. Les gens ont capté son signal dans l'atmosphère et ont répondu.

Farfelu ? Peut-être. Mais comme je l'ai souligné tout au long de cet ouvrage, l'énergie que vous dégagez attire et crée les résultats que vous obtenez. Modifiez votre énergie intérieure et vous modifierez vos résultats.

Et soit dit en passant, j'ai revu Dan un peu plus tard à Chicago et il m'a annoncé que, grâce à mon dépliant, son séminaire du mois d'août était déjà complet au début de juin.

UN MIRACLE CHEZ NIGHTINGALE-CONANT

L'anecdote qui suit vous apprendra comment l'un de mes rêves les plus chers s'est réalisé. Je la partage avec vous dans l'espoir qu'elle vous inspirera à concrétiser vos propres rêves. Tout est dans le pouvoir de l'intention et du lâcher prise.

Si vous n'avez jamais consulté l'énorme catalogue de la célèbre maison d'édition Nightingale-Conant proposant des cassettes audio sur le monde des affaires, la motivation, l'auto-assistance, les relations, la santé et la spiritualité, composez dès maintenant le 1-800-525-9000. Ou visitez son site Web à l'adresse suivante : www.nightingale.com. Demandez le catalogue gratuit qui vaut la peine d'être consulté.

Cela faisait de nombreuses années que je voulais que l'un de mes programmes audio figure dans le catalogue de Nightingale-Conant. Je le voulais pour le prestige, aussi bien que pour les profits. Je voulais que mon nom figure parmi la liste des plus grands : Tony Robbins, Tom Peters, Deepak Chopra, Bob Proctor, Brian Tracy et Wayne Dyer.

Mais jusqu'à l'automne 1998, ce désir n'avait été qu'un rêve. Même si j'avais envoyé tous mes nouveaux livres à Nightingale-Conant dès leur parution, je n'avais jamais réussi à éveiller leur intérêt pour mon œuvre.

Mais je n'ai pas baissé les bras. J'ai entretenu mon rêve, confiant que la situation changerait tôt ou tard, et j'ai poursuivi ma mission : écrire des livres que j'espérais inspirants et éducatifs.

Et puis quelque chose d'étonnant est arrivé.

Un jour, un homme m'a envoyé un courriel, me posant d'innombrables questions sur le marketing en général et sur P. T. Barnum en particulier. C'était un grand admirateur de M. Barnum et il adorait mon livre intitulé *There's a Customer Born Every Minute*. Heureux de l'aider, j'ai répondu à toutes ses questions.

Et puis, cela a été le choc. L'homme m'a envoyé un autre courriel, disant : « Si vous souhaitez que votre matériel soit étudié par Nightingale-Conant, faites-le-moi savoir. J'y suis le directeur du marketing. »

Vous ne pouvez imaginer ma surprise. Ou mon ravissement.

J'ai immédiatement envoyé à mon nouvel ami tous mes ouvrages par Fedex : mes livres, ma vidéo, mon cours autodidactique (six cassettes audio et un cahier d'exercices). Il n'a pas aimé ce que je lui ai envoyé, il a adoré. Et il a aussitôt mis en branle le long processus d'inscription de mes œuvres au catalogue de Nightingale-Conant.

Il est devenu mon ange gardien.

Pendant la période des fêtes de fin d'année, il a retiré l'étoile du sommet de l'arbre de Noël de l'entreprise et l'a remplacée par une photo de moi.

Il a pris d'autres photos de moi et les a affichées dans tous les bureaux de Nightingale-Conant, ainsi que dans les toilettes des hommes et des femmes.

Après onze mois d'appels, de télécopies, d'envois par messagerie et d'innombrables photos, j'ai pu fièrement annoncer que Nightingale-Conant offrait l'une de mes œuvres. Il s'agissait de mon livre intitulé *The Power of Outrageous Marketing*. C'est un best-seller depuis près de trois ans maintenant.

Cette histoire étonnante nous livre plusieurs leçons :

- *Le pouvoir du rêve.* J'avais visualisé ce que je voulais pendant de nombreuses années.

- *Le potentiel de réseautage sur Internet.* Le directeur du marketing de Nightingale-Conant m'avait découvert grâce à mon site Web.

- *Le miracle de la foi.* Le directeur du marketing croyait fermement en moi et il n'a cessé de me le répéter pendant onze mois.

- *La véritable magie qui naît lorsque vous êtes aligné sur le but de votre vie* et accomplissez ce qui fait chanter votre cœur…

- *Et le pouvoir du lâcher prise.*

Je suis sûr que l'on peut tirer d'autres leçons de mon aventure, des leçons qui vous apparaissent clairement et qui m'échappent. Encore une fois, je partage ceci avec vous dans l'espoir que votre cœur s'enflamme, que cela éveille quelque chose dans votre âme, vous pousse à aller de l'avant et à concrétiser vos propres rêves.

Et voici un autre sujet de réflexion :

« QUE VOTRE VOLONTÉ SOIT FAITE »

Selon des recherches effectuées à la Spindrift Foundation, une prière intitulée : « Que votre volonté soit faite » permet d'obtenir deux fois plus de résultats qu'une requête précise. C'est pourquoi il est si important de terminer toute demande avec ces mots magiques : « ceci ou quelque chose de mieux ».

Lorsque je rédigeais mon ouvrage sur P. T. Barnum : *There's a Customer Born Every Minute*, je me suis rendu sur la tombe du célèbre directeur de cirque à Bridgeport, au Connecticut. J'y ai vécu une expérience émouvante que je décris dans mon livre. Mais ce que je veux partager ici avec vous, c'est l'inscription que j'ai lue sur la pierre tombale de M. Barnum. Gravés sur un socle de pierre grise, j'ai lu les mots magiques suivants, des mots qui ont marqué toute la vie de cet homme haut en couleur :

« Que votre volonté soit faite et non la mienne. »

Ces mots magiques ont fonctionné pour P. T. Barnum, ils l'ont aidé à survivre à des catastrophes personnelles et professionnelles, et à devenir l'un des premiers millionnaires américains. Et ces mots peuvent fonctionner pour vous aussi.

Autrement dit, faites confiance à l'univers.

VOUS VOULEZ QUELQUE CHOSE DE MIEUX?

Vous pouvez formuler n'importe quelle intention, mais vous devez également être prêt à ce que l'univers vous offre encore mieux. Achevez toutes vos requêtes avec les mots suivants: «ceci ou quelque chose de mieux», et vous direz ainsi à l'univers que sa décision est de la plus haute importance.

Pourquoi? Parce que l'univers a une vue d'ensemble que votre ego n'a pas.

Votre tâche consiste à demander ce que vous voulez, et puis à suivre votre intuition pour arriver à vos fins, par exemple, faire des appels téléphoniques, rédiger des lettres, rencontrer une personne spécifique, etc. Bob Proctor, dans son magnifique ouvrage intitulé *You Were Born Rich*, en parle ainsi:

«Apprenez à écouter cette petite voix intérieure qui s'exprime sous forme de sentiments et non avec des mots; fiez-vous à ce que vous «entendez» à l'intérieur, plutôt qu'à ce que les autres vous disent de faire.»

L'univers lui-même se chargera de vous guider vers ce que vous voulez, et d'amener à vous ce que vous voulez. Il vous suffit de lâcher prise, tout en suivant votre intuition. Oubliez la peur, le doute, l'inquiétude, la déception, ou toute autre émotion négative qui pourrait miner votre moral.

Rumi, le célèbre poète et sage persan, a écrit cette phrase qui pourrait vous inspirer ici: «Certaines choses qui n'arrivent pas empêchent les catastrophes de se produire.»

Pensez-y. On vous demande d'avoir confiance. De croire qu'il est bon que certaines choses se produisent, et de croire qu'il est également bon que certaines choses ne se produisent pas.

Wayne Dyer a écrit un livre intéressant qui s'intitule *Le Pouvoir de l'intention*. Il affirme pouvoir vous enseigner la façon d'obtenir tout ce que vous voulez. L'un de mes amis qui a lu ce livre dit qu'il devrait plutôt s'intituler *Comment obtenir ce que vous voulez en voulant ce que vous obtenez.*

C'est on ne peut plus vrai!

Le secret pour concrétiser tout ce que vous voulez consiste à croire que tout ce que vous obtenez est ce que vous vouliez obtenir au départ. Vous l'avez attiré. Mieux vous comprendrez cet équilibre entre vouloir et permettre, ou désirer et lâcher prise, plus vous serez heureux à chaque instant.

Permettez-moi de vous l'expliquer en vous racontant une autre anecdote…

LE CYGNE

Terri Levine est une accompagnatrice de renommée mondiale, une auteure à succès et une bonne amie. Au début de 2004, les studios de télévision FOX lui ont offert de participer à l'une de leurs nouvelles émissions. Terri serait vue chaque semaine par l'auditoire de la télévision nationale. Son nom deviendrait célèbre. Elle souhaitait obtenir ce poste, et moi, son conseiller en marketing, je le souhaitais pour elle.

Après des semaines d'entrevues, d'échanges de courriels et d'indices qui avaient laissé croire à Terri qu'elle serait choisie, elle avait reçu un appel. On ne retenait pas ses services. Les dirigeants de la FOX avaient décidé d'adopter une approche différente et d'embaucher un autre conseiller.

Terri en a été consternée. Vous devez savoir que Terri est l'une des personnes les plus positives que je connaisse. Elle est optimiste, pétillante, gaie, et toujours à la recherche de l'aspect positif de n'importe quelle situation. Mais la nouvelle de ce rejet l'a anéantie. Je n'arrivais pas à trouver les mots pour la consoler. Avec le temps, elle a mis cette expérience de côté, mais sans jamais vraiment oublier sa déception.

Et puis, des mois plus tard, la nouvelle émission de FOX a été mise en ondes. Elle avait pour thème la transformation de femmes moyennes ou peu attrayantes grâce à la chirurgie plastique et des services conseils. Terri a vu l'émission et en a été dégoûtée. Elle a dit: «Cela ne rejoint aucune de mes croyances ni rien à quoi je voudrais être associée. Je suis soulagée de ne pas avoir été choisie pour y participer.»

Ce jour-là, j'ai envoyé à Terri un courriel qui lui a tellement plu qu'elle m'a dit l'avoir conservé dans son «dossier de la sagesse». J'avais écrit:

«Certaines choses qui semblent avantageuses pour nous sont souvent nuisibles lorsqu'on les met en perspective. Nous devons avoir confiance, lâcher prise, et réaliser que tout arrive pour notre plus grand bien.»

L'ART D'ENVISAGER QUELQUE CHOSE
SOUS UN ANGLE POSITIF

Je suis actuellement plongé dans *A Lifetime of Riches*, la biographie de Napoleon Hill, l'auteur du classique *Réfléchissez et devenez riche*.[2]

Non seulement cet homme a-t-il travaillé pendant vingt ans pour écrire l'ultime guide du succès, mais il a connu la pauvreté, sa vie a été menacée, ses supporteurs ont été assassinés, il a eu des accès de désespoir, et sa famille a souffert au-delà de toute imagination.

Il n'a pas connu le succès du jour au lendemain.

Une chose qui ressort de la vie de Napoleon Hill est son habileté à transformer le négatif en positif. Il a toujours cherché le rayon de soleil derrière le gris des nuages. Alors que je réfléchissais à sa vie, j'ai réalisé que j'avais décelé cette même habileté chez d'autres personnes.

Un jour, j'assistais à une réunion en compagnie de mon ami Mark Joyner, pionnier du réseau Internet et auteur à succès. J'ai surpris une conversation entre mon ami et un homme à qui la Commission fédérale du commerce des États-Unis venait de faire vivre un enfer. Mark avait écouté l'homme lui raconter sa triste histoire et puis il lui avait dit : « Faites de cette aventure quelque chose de positif. »

C'était un conseil remarquable. C'est le genre de phrase qu'aurait prononcée Napoleon Hill. Cela va à l'encontre de ce que la majorité des gens tentent toujours de faire. De prime abord, la seule idée de tourner tout ce qui nous arrive en quelque chose de bon nous paraît absurde.

---

2. Condensé de cet ouvrage sous format de cassette audio aux éditions Un monde différent, Brossard, Québec, 1986.

Mais cela semble être également une clé du succès. Je me rappelle que P. T. Barnum avait offert d'acheter un éléphant à l'un de ses concurrents. Il lui avait envoyé un télégramme précisant son offre. Le propriétaire de l'éléphant s'en était servi comme s'il s'agissait d'une annonce publicitaire, en disant : « Voici ce que M. Barnum pense de notre éléphant. »

Au lieu de se fâcher, P. T. Barnum a décidé de s'associer avec ce concurrent, ce qui a donné naissance au célèbre cirque Barnum & Bailey. P. T. Barnum a tiré parti de la situation en l'envisageant sous un angle positif.

L'autre jour, Nerissa, mon amour, a publié son premier livre électronique à l'adresse suivante : www.freevideo editing.com. Il y avait une petite erreur sur son site. Lorsque j'ai voulu en faire la promotion, je me suis servi de cette erreur pour attirer l'attention sur son livre électronique. J'aurais pu dire : « Corrige ton site ». Au lieu de quoi j'ai diffusé un courriel disant : « Il y a une erreur sur son site. Si vous pouvez la repérer, je vous offre un cadeau. »

Ceci a éveillé la curiosité des gens, ce qui est un puissant facteur de motivation. Les gens se bousculaient pour consulter son site. Les ventes ont explosé.

Messieurs Barnum, Joyner, Hill et moi-même faisons une seule et même chose : nous transformons une expérience prétendue négative en une expérience avantageuse. J'appelle cela envisager la situation sous un angle positif, constructif et faire preuve d'optimisme.

Vous êtes capable de le faire. Le choix vous appartient. Peu importe ce qui arrive, respirez profondément et posez-vous la question suivante : « *Comment puis-je transformer ceci en quelque chose de bon ?* »

Cette question réoriente votre esprit. Au lieu de vous attarder au problème, vous cherchez plutôt des solutions.

C'est une façon brillante d'apprendre à utiliser votre cerveau. Vous devenez le maître de votre vie, et non plus son esclave.

Andrew Carnegie, le magnat de la finance qui avait mis Napoleon Hill au défi d'entreprendre sa quête des secrets du succès, une quête qui a duré vingt ans, a confessé que le secret de sa réussite phénoménale reposait avant tout sur son habileté à exploiter pleinement son esprit.

Il a dit à Napoleon Hill : « Je ne suis plus affligé par la pauvreté parce que j'ai pris possession de mon propre esprit, et que cet esprit m'a procuré tous les biens matériels que je souhaitais, bien au-delà de mes besoins. Mais ce pouvoir de l'esprit est universel, il est à la portée des plus humbles comme des plus grands. »

Tout commence avec cette question : « Comment puis-je envisager ma situation sous un angle positif, constructif ? »

La réponse vous apportera de nouveaux choix et le bonheur, et pourrait bien vous guider vers la fortune dont vous n'aviez jamais osé rêver.

Rappelez-vous tout simplement de pratiquer cet art de faire preuve d'optimisme.

TOUT EST BIEN

En juin 1999, j'ai suivi le cours d'une durée de trois jours offert par Bob Proctor, intitulé : « The Science of Getting Rich », à Denver. Cela a été une expérience délirante. Je vous recommande chaudement de suivre ce cours en personne si c'est possible, ou du moins d'investir dans le cours autodidactique. Vous en retirerez tant de bienfaits que vous aurez l'impression d'avoir vécu dans la pauvreté après avoir absorbé le matériel qu'il contient et être devenu riche.

Mais je veux vous faire part immédiatement d'une citation que j'ai tirée du cours de Bob: «Tout ce qui arrive dans votre vie vous guide vers l'accomplissement de vos buts.»

Pensez-y. Cet énoncé dit que tout, absolument tout, vous conduit vers vos rêves.

Donc, si un événement désagréable se produit, rappelez-vous que c'est pour vous permettre d'aller de l'avant. Votre tâche consiste à trouver le positif dans le négatif, ou du moins à croire qu'il y a un aspect positif à toute situation, même s'il vous échappe sur le moment.

Cela peut être difficile à accepter, au début. Mais il n'en demeure pas moins qu'il s'agit d'une façon éclairée de vivre votre vie. J'adore cet énoncé et je remercie Bob de l'avoir formulé. Il m'indique de lâcher prise et de faire confiance à la vie, de croire qu'elle me guide vers les choses que je désire. Et pendant que je lâche prise, que j'ai confiance et que je suis reconnaissant à la vie, je me sens différent, j'envoie une vibration différente dans le monde, et de meilleures choses et expériences viennent à moi.

MAIS QUE DOIS-JE FAIRE?

Les gens m'écrivent depuis que mon ouvrage *Spiritual Marketing* est devenu un best-seller chez Amazon. La plupart du temps, ils se contentent d'en faire l'éloge. Et parfois, ils ont des questions à me poser à propos du processus en cinq étapes que j'y propose pour créer la richesse à partir de l'intérieur. Et la question qui est de loin la plus fréquente porte sur la cinquième étape: «Lâcher prise».

Voici cette question: «Mais que dois-je faire si je lâche prise? Lâcher prise, ce n'est pas demeurer passif?»

Ce que je n'ai pas entièrement expliqué dans ce livre, c'est qu'il faut généralement faire encore quelque chose pour concrétiser vos rêves. Ce quelque chose peut parfois se résumer à répondre au téléphone. Ou faire un appel. Ou acheter un livre. Ou devenir membre d'une association. Ou répondre à un courriel. J'ignore quel sera le geste que vous devrez poser pour concrétiser votre rêve. Mais vous devrez généralement en poser un, petit ou grand.

Et la réponse magique à cette question est la suivante :

Vous devez poser ce que j'appelle un « geste inspiré ».

Un geste inspiré est un geste qui découle d'une impulsion intérieure.

Autrement dit, un geste inspiré découlera par exemple d'un désir soudain de monter dans votre voiture et de rouler jusqu'au magasin. Vous ignorerez peut-être pourquoi vous devez vous rendre au magasin. Mais quelque chose à l'intérieur de vous vous y poussera. Suivez cette intuition. Elle pourrait vous conduire vers votre but. Au magasin, vous ferez peut-être une rencontre déterminante. Ou vous trouverez le produit qu'il vous faut. Ou vous achèterez le magazine dont un article vous permettra de concrétiser votre rêve.

Par exemple, il y a une vingtaine d'années, j'étais à l'emploi d'une grande société pétrolière. Lorsque je sortais dîner, j'allais toujours à l'aire de restauration du centre commercial le plus proche. Toujours. C'est vraiment ce qu'on appelle la routine.

Un jour, j'ai décidé de faire autre chose. En quittant le bureau ce midi-là, une impulsion m'a poussé à tourner à gauche alors que j'avais l'habitude de tourner à droite. Vous trouverez peut-être cela anodin, mais cela a fait toute la différence du monde pour moi. C'était comme quitter la Terre et me diriger vers la planète Mars. Je vivais soudain une aventure.

À mon grand étonnement, j'ai découvert une charcuterie italienne quelques pâtés de maison plus loin. Essayez d'imaginer ceci: je suis un Italien qui vit au Texas, et je n'avais pas mangé de bonne cuisine italienne depuis que j'avais quitté l'Ohio, il y avait près de vingt ans. Et tomber «par hasard» sur une charcuterie italienne pendant ma pause du midi tenait pratiquement du miracle.

Je suis entré et j'ai fait la connaissance du propriétaire. Il était originaire d'Italie. Il m'a fait un sandwich qui était tellement bon que son seul souvenir me fait encore saliver aujourd'hui. J'étais tellement reconnaissant que j'ai apporté son menu au bureau, j'ai fermé ma porte, et j'en ai créé un nouveau. J'ai remanié les textes, conçu une nouvelle présentation et j'en ai imprimé cinq cents exemplaires. J'ai ensuite affiché le nouveau menu un peu partout dans l'édifice de l'entreprise.

Le lendemain, lorsque je suis retourné à la charcuterie, le propriétaire m'a accueilli avec des larmes plein les yeux. Il avait fait des affaires d'or toute la journée. L'endroit avait été bondé à l'heure du dîner. Il ne savait pas comment me remercier. Il n'avait pas à le faire. Je ne voulais qu'un sandwich.

Mais le miracle ne s'est pas arrêté là. Nous sommes devenus des amis. Lorsque ma femme et moi avons décidé de déménager et nous nous sommes mis à la recherche d'une maison, il nous a vendu la sienne. Il souhaitait lui aussi déménager, mais comme il avait construit la maison lui-même, il ne voulait pas la céder à n'importe qui. Lorsque nous lui avons fait part de notre projet, il a accepté de nous la vendre. Nous y avons habité pendant dix ans, et Marian y vit toujours.

Et tout cela parce que j'ai posé un geste inspiré!

SOYEZ À l'ÉCOUTE DES SIGNAUX

Une fois que vous avez formulé votre intention et franchi les autres étapes du processus entourant le facteur d'attraction, vous devez être à l'écoute des signaux qui vous sont envoyés et réagir sans tarder.

Lorsque je travaillais pour une grande société pétrolière et que je détestais mon emploi, je priais souvent pour trouver une façon de m'en sortir. C'était il y a vingt ans et je me sentais perdu. J'étais pris au piège du « neuf à cinq ». Je devais franchir une distance de cinquante-cinq kilomètres à l'aller comme au retour pour effectuer un travail que je détestais, au point d'en pleurer derrière le volant de ma voiture. C'était plutôt triste. Mais j'ai formulé l'intention de m'échapper de cette prison. Et je me suis ensuite mis à l'écoute des signaux.

Chaque jour, je passais devant un panneau portant le nom d'une rue qui s'appelait Quitman. Je n'y avais jamais vraiment prêté attention, jusqu'à ce que je réalise qu'il s'agissait d'un signal. Ce panneau avait été installé en bordure de l'autoroute pour indiquer aux gens où sortir. Mais pour moi, il signifiait : « Quit, man ».[3]

Et j'ai démissionné. Je suis heureux depuis lors. Aujourd'hui, je suis un auteur bien connu, un conférencier, une célébrité du réseau Internet, et beaucoup plus. Et tout cela parce que j'ai posé un geste inspiré.

L'ESPRIT INFINI

Voici un autre exemple. Pendant que je rédigeais cet ouvrage, une amie très chère nous a rendu visite à l'improviste.

---

3. Note de la traductrice : « Démissionne, mon gars ».

Sachez que cela est assez inhabituel. Nous vivons dans le pays des collines, à l'extérieur d'Austin, au Texas. Ce n'est pas facile à trouver. Et nous n'apprécions généralement pas que les gens arrivent ainsi sans prévenir.

Après tout, nous travaillons à la maison et nous n'aimons pas être dérangés. J'aurais pu être en train de participer à une émission de radio par téléphone, ou Nerissa aurait pu être en train de faire le montage d'un projet vidéo. Notre demeure est habituellement bourdonnante d'activité.

Mais notre amie a téléphoné à un moment propice, disant qu'elle se trouvait dans la région, et nous l'avons donc accueillie avec joie. Nous avons parlé d'énergie, de projection, de la supériorité de l'esprit sur la matière et d'autres sujets ésotériques. Au cours de la conversation, notre amie nous a vanté les mérites d'un livre intitulé *Infinite Mind*. Elle nous a dit l'avoir lu et relu, en avoir souligné des passages, et qu'il relevait du plus pur génie.

J'ai immédiatement pris cela comme un signal m'invitant à acheter ce livre. Pourquoi? Parce que la situation avait un fort relent de synchronisation. Le fait que notre amie soit apparue pendant le processus de rédaction du présent ouvrage semblait étrange. La conversation avait justement porté sur les principes du *Facteur d'attraction*. Et le livre dont elle avait parlé semblait indispensable à ma recherche.

J'ai immédiatement posé un geste inspiré. À peine notre amie avait-elle quitté la maison que je me suis précipité à l'étage. Je me suis connecté au réseau Internet et j'ai commandé le livre chez Amazon, avec livraison le lendemain. Et ce n'est pas tout, car pendant que j'y étais, j'ai également commandé les deux tomes de *Manifesting Your Heart's Desires*. Tous ces livres se sont révélés une excellente source de renseignements et m'ont aidé à mieux vous exposer le processus du facteur d'attraction.

Et tout cela à cause d'un événement fortuit que d'autres auraient pu laisser passer sans s'y attarder.

LE MODE D'EMPLOI

Voici donc comment vous pouvez obtenir des résultats en posant un geste inspiré :

Première étape : Formulez une intention. Une intention est une déclaration décrivant votre rêve, ou votre but, ou ce que vous voulez être, faire, ou avoir. C'est une requête de votre subconscient, de votre inconscient, et de l'univers lui-même. Plus claire sera votre intention, meilleurs seront vos résultats.

J'ai déjà formulé l'intention suivante : « Je désire avoir un programme audio qui devienne un best-seller chez Nightingale-Conant. » J'ai également formulé celle-ci : « Je désire que mon ouvrage intitulé *Spiritual Marketing* batte un record de ventes chez Amazon. » Et puis celle-ci : « Je désire trouver un nouvel endroit où aller dîner. »

Deuxième étape : N'ignorez pas vos pressentiments. Soyez à l'écoute des signaux. Suivez votre intuition. Si vous avez envie de dresser un plan d'action, alors faites-le. Et si vous avez envie de faire une promenade, ou de regarder la télévision, ou de surfer sur le Web, faites-le. On ne sait jamais où le geste inspiré nous mènera, mais puisque vous avez formulé une intention (première étape), votre intuition trouvera un raccourci vers vos rêves.

Le geste inspiré donne des résultats parce que votre ego ne peut voir qu'une parcelle de la situation alors que l'univers en a une vue d'ensemble. Votre ego peut dire : « Rédige un plan d'affaires ». Le geste inspiré nous est proposé par la vue d'ensemble dont nous n'avons pas toujours une idée claire, tant que nous ne cédons pas à l'élan que nous donne l'univers.

Enfin, plus vous saurez calmer votre esprit, faire taire vos pensées et vous détendre, plus clairement vous entendrez la petite voix intérieure qui vous indique la direction de vos rêves.

Lorsqu'elle parle, agissez.

C'est ça, poser un geste inspiré.

Faites-le, et vous trouverez de nouveaux raccourcis étonnants qui mèneront tout droit à la concrétisation des désirs que vous avez formulés. C'est une voie facile, plus amusante, moins stressante, et généralement plus rentable que l'action planifiée et la lutte constante.

Faites un essai et voyez par vous-même.

UN SECRET À PROPOS DE L'ARGENT

Permettez-moi de vous livrer un secret à propos de l'argent.

Un jour, Pat O'Bryan, un merveilleux musicien texan bien connu en Europe, s'est joint à l'un de nos groupes de réflexion et a déclaré : « Un jour, j'écrirai un livre intitulé *The Myth of Passive Income*. »

Il plaisantait. Tout le monde a ri. Il avait trimé dur sur son site Web, www.InstantChange.com, et il s'était rendu compte que s'assurer un revenu d'appoint n'avait rien de passif.

J'y ai vu une occasion.

« Tu devrais te dépêcher d'écrire ce livre », ai-je dit.

Tout le monde s'est tu. Tous les regards se sont tournés vers moi.

« C'est une bonne idée, ai-je expliqué. Les gens croient que ceux qui touchent un revenu d'appoint sont oisifs toute la journée et gagnent de l'argent pendant leur sommeil. Ce n'est pas tout à fait exact. Alors, dénonce ce mythe et étale la vérité au grand jour. »

Pat venait de commencer à apprendre à réagir lorsqu'une occasion surgit.

« Je le ferai », a-t-il dit.

Nous nous sommes retrouvés dans le parc de stationnement après la réunion. Il m'a demandé : « Serais-tu prêt à rédiger une lettre et à demander aux gens qui gagnent de l'argent en ligne de contribuer à notre livre en soumettant un article ? Nous voulons seulement savoir à quoi ressemble une journée type pour eux. Je parie qu'ils ne restent pas là à rien faire. »

J'étais soudain devenu le coauteur du projet. Eh bien, quand je vois une occasion, je la saisis au vol, moi aussi. J'ai accepté.

Je suis rentré chez moi, je me suis installé devant mon ordinateur, et j'ai rédigé une ébauche de lettre. Elle était simple. Je demandais à des gens qui réussissaient à faire des affaires en ligne s'ils voulaient bien nous dire à quoi ressemblait une journée dans leur monde « passif ». J'ai envoyé la lettre à Pat. Il l'a approuvée presque aussitôt. Je l'ai ensuite envoyée à tous les propriétaires de listes que je connaissais. Tout cela s'est fait en l'espace d'environ trois heures.

Vingt-quatre heures plus tard, nous avions reçu de merveilleux articles de David Garfinkel et de Tom Antion. Et plus tard ce jour-là, j'ai reçu des courriels de Jim Edwards, Yanik Silver, Jo Han Mok et autres géants du commerce électronique qui acceptaient tous d'écrire un article pour notre livre.

Maintenant, comprenez bien ce qui s'est passé.

Une blague spontanée est devenue un projet. Ce projet a commencé à prendre forme en l'espace de trois heures. Et un jour plus tard, le livre était écrit, et non pas par Pat ni moi.

C'est ce même processus que j'ai utilisé pour créer des produits numériques aussi lucratifs que mes cours sur Internet, plusieurs livres électroniques à succès, et même quelques campagnes de promotion en ligne. J'en ai eu l'idée et j'ai agi en quelques minutes. Résultat : le succès.

Donc, qu'est-ce que l'argent aime ?

L'argent aime la promptitude, la rapidité.

C'est là le secret à propos de l'argent que peu de gens connaissent.

L'argent vient à ceux qui agissent rapidement. Si vous réfléchissez, hésitez, pesez le pour et le contre, doutez, planifiez, organisez des rencontres, discutez, ou si vous vous mettez des bâtons dans les roues de quelque manière que ce soit, l'argent ira vers quelqu'un d'autre.

Si j'ai réussi à écrire autant de livres et d'articles, c'est que j'ai agi rapidement. La présente section en est un exemple. Il y a vingt minutes, j'ai eu l'idée d'écrire quelque chose à propos de « l'argent qui aime l'action ». Je me suis dit que je devrais le faire un jour. Et puis, j'ai pensé : « *Pourquoi pas maintenant ?* »

Eh bien, voilà.

C'est fait.

Vous aussi connaissez maintenant le secret. Lorsqu'une impulsion vous pousse à agir, alors agissez. N'attendez pas. Agissez sur-le-champ.

Qu'est-ce que vous attendez ?

OCCUPEZ-VOUS DE VOTRE JARDIN

Nombreux sont ceux qui disent ne pas vouloir agir, qui disent souhaiter uniquement « lâcher prise et s'en remettre à Dieu ».

Cela me rappelle l'histoire d'un homme qui avait un magnifique jardin dans sa cour arrière. Un jour, un passant s'est arrêté pour l'admirer.

« Vous avez un très beau jardin, a dit l'étranger.

— Merci, a répondu le propriétaire.

— C'est vraiment le jardin de Dieu, n'est-ce pas ?

— Oui, en effet, a répliqué le propriétaire. Mais vous auriez dû le voir lorsque c'était Dieu Lui-même qui s'en occupait. »

Dieu (l'Univers, l'Esprit ou toute autre appellation que vous voulez donner à cette entité) nous fournit les éléments essentiels, et nous devons ensuite faire quelque chose avec ce qui nous est donné. Si nous nous contentons de laisser pousser les choses dans notre cour arrière, nous aurons une jungle et non un jardin. Quelqu'un doit prendre soin de la terre.

Prenons l'exemple de Jésus. Selon Bruce Barton, l'auteur du best-seller de 1925 intitulé *The Man Nobody Knows*, Jésus était un homme d'affaires. Il a « embauché » douze employés, les a inspirés, et leur a demandé de répandre son message.

Cela ressemblait à du marketing. C'était leur demander de poser un geste inspiré.

Ou pensez seulement à Phineas Parker Quimby, l'homme qui est à l'origine d'un courant que l'on nomme la pensée nouvelle, ou spiritualité moderne. Martin Larson qualifie Quimby de «thérapeute de la publicité» dans son ouvrage intitulé *New Thought or A Modern Religious Approach: The Philosophy of Health, Happiness, and Prosperity* (New York: Philosophical Library, 1985):

> «Alors, entre 1847 et 1859, l'infatigable Quimby est allé de ville en ville, offrant une guérison spirituelle basée sur le pouvoir de la foi. En 1855, il a distribué un tract qui condamnait l'hypnose dont voici un extrait: "Le Dr P. P. Quimby annonce respectueusement qu'il recevra ceux qui désirent le consulter au sujet de leur santé et, étant donné que ses procédés ne ressemblent à aucune autre pratique médicale, il est nécessaire de préciser qu'il ne prescrit aucun médicament ni pommade, mais qu'il se contente de s'asseoir avec ses patients, de leur dire ce qu'ils ressentent et ce qu'ils croient être leur maladie.
>
> "Si les patients reconnaissent qu'il a raison, alors son explication est le remède; et s'il réussit à corriger leur erreur, il modifie les fluides de leur système et établit la vérité ou la santé. La vérité est le remède." »

Comme vous pouvez le constater, même le grand maître de la guérison métaphysique distribuait des dépliants pour obtenir de nouveaux clients. Il ne restait pas assis à ne rien faire.

Bref, lâcher prise n'est pas synonyme d'oisiveté. C'est poser des gestes dictés par notre inspiration. Si une pulsion intérieure vous pousse à donner un coup de fil, à créer une annonce publicitaire, à faire une promenade ou à créer une association, alors faites-le. Mais faites également preuve de détachement. Se détacher, c'est lâcher prise.

Encore une fois, lorsque vous voulez quelque chose sans y attacher une importance excessive, il est alors fort probable que vos désirs soient comblés.

Pour attirer le succès, vous devez vous en détacher.

CHERCHEZ LA LUMIÈRE

Lâcher prise ne signifie pas abandonner.

Lorsque je suis allé en Italie en 2004, j'ai vu beaucoup de gens et d'endroits, du tombeau de Michel-Ange à Florence au pape dans la cité du Vatican. J'ai trouvé que l'Italie était un pays riche en histoire ancienne, mais pauvre en ce qui avait trait à la prospérité contemporaine. J'y ai rencontré des gens prétentieux, mais aussi des gens très chaleureux.

La sœur Mary Elizabeth est l'une de ces personnes chaleureuses. Elle est la secrétaire personnelle de la Mère supérieure de l'ordre des Sœurs de Saint-Philippe, une congrégation qui vient en aide aux femmes et aux enfants très pauvres des pays du tiers-monde. Son nom figure sur ma liste de correspondants et elle adore mes livres. Elle m'a dit que les idées que j'avais exprimées dans mes livres électroniques intitulés *Hypnotic Writing* et *Hypnotic Marketing* l'avaient aidée à recueillir des fonds pour nourrir des enfants affamés et sans-abri partout dans le monde. C'est un commentaire très valorisant, croyez-moi

Mais des choses étranges ont commencé à se produire. Je me trouvais à Rome et j'ai accédé à ma boîte aux lettres électronique. J'ai été consterné par un courriel de mon chef opérateur du son qui m'annonçait que les bandes sonores originales d'un programme dans la création duquel j'avais investi des milliers de dollars étaient disparues. Il n'y comprenait rien. Il dirigeait l'un des meilleurs studios du monde, et il avait perdu les bandes originales ! Et je me trouvais de l'autre côté de la planète, impuissant. Je n'arrivais pas à y croire.

Les choses sont devenues encore plus étranges. Nous avions retenu les services d'un chauffeur pour nous conduire à Pompéi et à Naples. Tout s'est bien déroulé jusqu'à ce qu'à la fin de la journée, alors que nous retirions nos effets de la voiture, le chauffeur exige soudain une somme supérieure à ce qui avait été convenu. Cela a gâché ma journée.

Plus tard ce soir-là, nous sommes allés dans un restaurant. C'était notre dernière soirée à Rome. Le repas a été excellent, mais au moment de régler l'addition, une serveuse française désobligeante, qui ne s'adressait à nous qu'en italien, nous a dit que le lecteur de carte de crédit de l'établissement était défectueux. Nous n'avions pas d'argent liquide. Nous avons finalement quitté les lieux en promettant d'acquitter notre dette.

Nous sommes revenus aux États-Unis sans encombre, mais une étrange étoile semblait s'obstiner à planer au-dessus de notre tête. J'ai appris que je devais plusieurs milliers de dollars en arrérage des taxes sur l'une de mes propriétés. Et mon agent, qui devait négocier une entente avec un éditeur, avait échoué.

Nous avons décidé d'aller à Las Vegas et d'assister à quelques spectacles afin de nous détendre. Mais dans l'avion, j'ai éprouvé des douleurs thoraciques et des difficultés respiratoires. J'ai cru que je faisais une crise cardiaque. L'avion s'est posé sans problème, mais la douleur ne m'a pas quitté.

Le lendemain, le médecin de l'hôtel m'a examiné et m'a envoyé au service des urgences. Je n'avais jamais été hospitalisé auparavant, et cela m'a beaucoup angoissé. Et avec cette douleur qui me serrait la poitrine, je pensais ne jamais pouvoir rentrer à la maison. Plusieurs heures plus tard, délesté de cinq mille dollars, j'ai appris que j'étais asthmatique.

Nous sommes retournés à la maison, mais d'étranges événements ont continué à se produire. Un jour, alors que je dactylographiais un chapitre du présent ouvrage, une phrase complète s'est inscrite en double sur mon écran. J'ai tout d'abord cru que j'hallucinais. Je l'ai effacée, mais elle est aussitôt réapparue. C'était étrange, n'est-ce pas ? Hochant la tête, j'ai pensé qu'un virus informatique s'était introduit dans mon ordinateur.

Que se passait-il donc ?

LA VÉRITÉ

Un jour, j'ai quitté la ville et je suis allé passer la journée avec mon chiropraticien et ami, Rick Barrett, auteur de plusieurs livres dont *Healed by Morning*. J'avais besoin de me détendre, de prendre congé du quotidien. Je lui ai parlé de mes mésaventures. J'étais tendu au plus haut point en lui racontant ce que je viens de vous narrer. J'ai ajouté : «C'est comme si j'avais ramené une malédiction d'Italie. Tout va mal depuis mon retour.»

Rick m'a regardé et a dit : «Peut-être que tout cela est relié.

– Ah bon ?

– Peut-être es-tu attaqué par les forces des ténèbres, a-t-il expliqué. Tu es allé à Rome, tu es allé au Vatican, tu as vu le pape, et tout ça est béni. Et tu te consacres entièrement à la rédaction de ton nouveau livre, un ouvrage qui pourrait véritablement changer le monde.

– Oui? Oui?

– Eh bien, peut-être que ton incursion dans la lumière incite les ténèbres à tenter de t'arrêter.

– Je ne suis pas sûr de te suivre.

– Il se produit un incident chaque fois que nous allons en mission au Mexique, a-t-il expliqué. Ma femme et moi, d'autres médecins et des bénévoles décidons de nous rendre dans des régions extrêmement pauvres et de faire don à leur habitants de notre temps, de médicaments et de notre expertise. C'est une bonne cause. Mais chaque fois que nous planifions une mission, il y a des complications.

«Une fois, je suis tombé du haut d'une échelle une semaine avant le départ. Une autre fois, l'une de nos bénévoles a été refoulée à la frontière parce que son passeport n'était pas valide. C'est comme si les ténèbres s'acharnaient parfois sur nous lorsqu'on cherche la lumière.»

Je n'étais pas d'accord avec cette affirmation. En me fondant sur le facteur d'attraction, je dirais que nous laissions paraître un mauvais côté de notre être. Lorsque Rick est tombé du haut d'une échelle, c'est parce qu'une partie de lui-même s'opposait au bien qu'une autre partie de son être voulait accomplir. Il a attiré l'accident.

Il en va de même pour moi. Alors que j'achevais la rédaction de ce livre, j'ai presque anéanti tous mes efforts. Aucun pouvoir maléfique ne me menaçait, mais une partie de moi s'opposait tout simplement à mon intention.

Dans son ouvrage intitulé *Infinite Mind*, D^{re} Valerie Hunt écrit ceci: «Attribuer un pouvoir à des entités diaboliques sans l'intervention consentante de l'individu est à mon avis erroné et destructif.» Elle ajoute: «C'est se garder de voir l'inachevé en détournant le regard.»

Bref, il fallait que j'en aie le cœur net. Il fallait que je découvre pourquoi une partie de moi s'opposait à ce que je voulais attirer. Je l'ai fait car, sinon, vous ne seriez pas en train de lire ce livre.

Mais revenons à mon entretien avec Rick Barrett.

«Comment faire pour que la lumière soit victorieuse? ai-je demandé.

— Tu dois te dire que rien ne pourra t'arrêter, que tu n'abandonneras pas, que tu ne capituleras pas», a répondu Rick. «Parfois, il faut tout simplement s'en remettre à Dieu ou à l'univers et dire: "Je suis perdu."»

Et voici le secret: *Vous ne devez jamais perdre de vue votre but et toujours aller de l'avant.* Vous devez toujours demeurer réceptif à une meilleure offre, et en même temps vous désintéresser des résultats.

L'ULTIME SECRET

Encore une fois, *l'ultime secret pour attirer tout ce que voulez est de le vouloir sans en avoir besoin.* Lorsque vous vous détachez du résultat, vous vous débarrassez de tout ce qui pourrait saboter votre réussite. Le facteur d'attraction a un effet surmultiplié lorsque vous formulez une intention et êtes heureux lorsqu'elle se concrétise ou non. Il s'agit d'un équilibre fragile. Mais c'est aussi le grand secret du fonctionnement de l'univers.

En d'autres termes, dans la réalité de tous les jours, toute lutte encouragera la manifestation des forces opposées qui existent en vous. Mais si votre esprit est serein et si vous suivez le courant en direction de vos rêves, vous optimiserez vos chances de les concrétiser. Votre paix attirera la paix.

Comme Deepak Chopra l'a écrit dans son ouvrage intitulé *Le Livre des coïncidences*: «L'intention n'est pas une simple lubie. Elle exige de l'attention et, également, du détachement. Une fois que vous avez consciemment généré l'intention, vous devez être capable de vous détacher du résultat et laisser l'univers prendre en charge les détails de sa réalisation. »

Bref, c'est lorsque vous lâchez prise que vous activez pleinement le facteur d'attraction.

«Faire preuve de candeur par rapport aux miracles, c'est être courageux, bien intentionné, innocent, et aussi invulnérable. C'est écouter la voix qui parle en soi et céder à toutes les impulsions qui poussent à un geste aimant et constructif, aussi bizarre et inapproprié qu'il puisse paraître à l'ego. »

— CAROLYN MILLER
Creating Miracles: Understanding the Experience of Divine Intervention

La formule secrète qui vaut un million de dollars

« Qu'est-ce qui est le plus ardu lorsqu'on veut créer la vie de nos rêves ? », m'a demandé une amie alors que nous dînions ensemble.

J'ai réfléchi pendant un moment et j'ai répondu : « Apprendre à cesser d'imaginer comment on obtiendra ce que l'on veut. »

Mon amie a eu l'air perplexe.

Elle m'a demandé : « Qu'est-ce que tu veux dire ?

– Si tu tentes d'imaginer comment tu obtiendras cette nouvelle voiture, cette nouvelle maison, ou cette nouvelle relation, tu te limites à ce que ton ego veut voir ou faire, ai-je expliqué. Confie ton but à ton inconscient, car ce dernier est relié à l'esprit de tout et de tous, et laisse-le te guider vers ton but et guider ton but vers toi. »

Eh bien, je ne suis pas certain que mon amie ait bien saisi mes propos. Mais quelques jours plus tard, j'étais assis dans une limousine en compagnie de huit merveilleuses personnes prospères, qui avaient toutes réussi sans aide. Elles etaient toutes parties de zéro. Plusieurs d'entres elles avaient même commencé comme moi, les poches vides et le cœur rempli d'espoir.

J'étais assis dans la limousine, et une partie de moi n'arrivait pas à croire que j'étais là.

Je me rappelle m'être demandé : *« Comment suis-je arrivé ici ? Je suis dans une magnifique limousine, avec des gens magnifiques à mes côtés, me rendant à un magnifique dîner qu'une autre magnifique personne paiera. Je ne suis qu'un petit gars de l'Ohio qui a quitté la maison pour trouver la gloire et faire fortune. J'ai creusé des fossés, conduit des camions, travaillé dans la poussière, sous la pluie et sous un soleil de plomb, et chaque fois pour un salaire qui ne me permettait pas de payer mes factures. Comment suis-je arrivé dans cette limousine ? »*

Après un moment de réflexion, j'ai compris que le secret se trouvait dans la formule en cinq étapes que je vous ai révélée dans ce livre. C'est le Facteur d'attraction. Bref, le secret pour faire prospérer votre entreprise, trouver l'amour, être en meilleure santé, ou concrétiser tout ce que vous voulez est celui-ci :

1. Sachez ce que vous ne voulez pas.

2. Déterminez ce que vous voulez.

3. Débarrassez-vous de toutes croyances négatives ou restrictives.

4. Imprégnez-vous du sentiment qui vous habiterait si vous aviez, faisiez, ou étiez tout ce que vous voulez.

5. Lâchez prise et suivez votre intuition, et permettez ainsi aux résultats de se manifester.

Oui, c'est tout.

En fait, il n'y a pas de recette miracle pour faire quoi que ce soit dans ce monde. Certaines personnes deviennent propriétaires d'une nouvelle voiture en la gagnant, d'autres en se serrant la ceinture pour la payer, d'autres en faisant joyeusement des paiements mensuels, etc.

Ce que j'ai dit à mon amie pendant ce dîner est vrai : on ne peut pas orchestrer le monde en fixant nos conditions. Formulez plutôt vos intentions, et laissez le monde vous guider vers vos buts.

En d'autres termes, on ne produit pas les résultats, on y participe. Et cette participation est supérieure si on laisse notre esprit intérieur faire le gros du travail.

J'étais dans cette limousine parce que je n'avais pas prévu m'y trouver.

J'ai permis, agi, fait confiance, et accepté.

J'ai suivi la formule en cinq étapes.

J'ai activé le facteur d'attraction.

Et lorsque la limousine est arrivée, j'y suis monté.

SIX POINTS CLÉS

Avant de terminer ce livre, passons en revue quelques points clés du processus entourant le facteur d'attraction. :

1. *Vous êtes entièrement responsable des expériences que vous vivez.*

Cela ne veut pas dire que vous les avez provoquées. Mais vous les avez attirées jusqu'à un certain point. Vous en êtes responsable. Cela n'est ni bon ni mauvais. Vous vous êtes tout simplement servi de ces expériences pour apprendre à mieux vous connaître. Libérez votre esprit et choisissez les expériences que vous voulez vivre.

2. *Vous absorbez les croyances de la culture dans laquelle vous vivez.*

Si vous regardez des films où la violente est à l'honneur, si vous lisez les journaux ou regardez les bulletins d'information à la télévision, vous remplissez votre esprit de vibrations qui attireront exactement ce dont il a été imbibé. Mère Teresa a dit qu'elle ne participerait jamais à un ralliement anti-guerre. Pourquoi? Parce que ce genre de rassemblement véhicule cette même énergie qui engendre la guerre. Faites attention à ce que votre esprit absorbe. Choisissez ce que vous voulez attirer. Soyez conscient.

3. *Vous n'êtes pas le maître du monde, mais vous avez plus de pouvoir que vous ne le croyez.*

Vous pouvez déplacer des montagnes par la pensée et le geste. Maintenez un équilibre entre l'ego et l'esprit dans votre vie, vous efforçant constamment de laisser votre ego obéir à votre esprit.

4. *Vous pouvez changer vos pensées.*

Cela semble souvent impossible à croire car ce n'est pas normal pour la grande majorité des gens. Mais ce que vous pensez est en grande partie attribuable à l'habitude. Commencez à prêter attention à vos pensées. Si elles ne vous plaisent pas, commencez consciemment à les modifier. Choisissez de nouvelles pensées.

5. *Vous pouvez accomplir l'impossible.*

Ce que vous croyez maintenant être des contraintes de temps et d'espace pourrait très bien n'être que les limites de votre compréhension actuelle du monde. Personne ne sait ce qui est impossible. Si vous avez envie de faire quelque chose de nouveau et de différent, c'est très bien. Allez de l'avant. Faites-le. Vous pourriez ainsi créer une voie qui n'avait jamais encore été tracée. Osez faire quelque chose de digne.

6. *Toute image à laquelle vous greffez un sentiment se concrétisera.*

Si vous avez peur de quelque chose, ou si vous aimez quelque chose, vous y ajoutez de l'énergie. Tout ce que vous craignez ou aimez aura tendance à se manifester dans votre vie. Choisissez sagement vos passions.

LORSQUE VOTRE LIMOUSINE ARRIVERA

Finalement, je ne peux trouver de meilleure façon de résumer ce livre qu'avec cette citation de Frances Larimer Warner. Un soir que je participais à une émission-débat, on m'a demandé de la lire deux fois. Les animateurs sont demeurés silencieux pendant que les mots se frayaient un chemin dans leur esprit et y étalaient toute leur signification. Voici donc ces mots, vous souhaitant de concrétiser rapidement tous vos rêves.

Et lorsque votre limousine arrivera, montez-y!

« Si nous plantons une graine dans le sol, nous savons que le soleil l'éclairera et que la pluie l'arrosera, et nous laissons la Loi faire son œuvre... Eh bien, le désir que vous nourrissez est la graine, les yeux que vous fermez occasionnellement sur cette image sont le soleil, et votre attente constante, dépourvue d'anxiété, est la pluie et les soins nécessaires à l'obtention de résultats réussis. »

— FRANCES LARIMER WARNER
Our Invisible Supply : Part One, 1907

L'histoire troublante
de Jonathan

Je reçois presque chaque jour un appel, un courriel ou une lettre de quelqu'un qui me demande : « Qu'est-il arrivé à Jonathan ? »

Tous ceux qui me posent cette question sont émerveillés par le récit des miracles que j'ai accomplis avec Jonathan Jacobs (nom fictif), et ils veulent faire sa connaissance.

Mais Jonathan ne reçoit plus personne. Je vais vous dire pourquoi, mais je vous mets en garde car ce que vous lirez est choquant.

Jonathan a réellement fait une différence dans ma vie. Il a été mon accompagnateur et mon meilleur ami pendant plus de dix ans. Toutes les anecdotes que j'ai racontées dans ce livre sont véridiques. Jonathan m'a été d'un grand secours et il a créé des miracles avec moi, et avec beaucoup d'autres gens.

Mais Jonathan était également humain. En cours de route, il a laissé son ego prendre le contrôle de son succès. J'ai remarqué de petites choses au début. Il faisait preuve de suffisance pendant nos conversations. Il voulait attirer l'attention sur lui. Et il parlait un peu trop de ses réalisations. Je n'ai rien dit, car j'obtenais des résultats extraordinaires en travaillant avec lui.

Puis les choses ont empiré. Il a commencé à avoir des relations sexuelles avec quelques-unes de ses clientes. Il travaillait comme guérisseur dans une clinique et il a été congédié pour attentat à la pudeur. Je l'ai soutenu pendant cette sombre période de sa vie, car il était mon ami.

Mais les choses ne se sont pas arrêtées là. Jonathan a perdu son père et a sombré dans la dépression. Il a songé au suicide. J'étais sa bouée de sauvetage et j'ai fait de mon mieux pour l'aider. J'ai passé du temps avec lui. Je l'ai conseillé. J'ai utilisé les méthodes de guérison qu'il m'avait lui-même enseignées. Après quelques mois, Jonathan a refait surface, a renoué avec une vie normale et a repris ses consultations.

Toutefois, il était toujours prisonnier de lui-même. Il a recommencé à séduire ses clientes. Au moins l'une d'entre elles était mariée, et la culpabilité qu'elle a ressentie par suite de sa relation avec Jonathan l'a entraînée dans la dépression.

Mais cela n'a pas arrêté Jonathan et sa descente aux enfers.

Le point tournant pour moi est arrivé lorsque Jonathan a un jour manipulé et agressé la personne qui était mon amie la plus chère à cette époque. Les mots ne suffisent pas à traduire le mal que cela m'a fait. Je me suis senti trahi. Mon meilleur ami, mon gourou, était devenu un criminel.

La femme qu'il avait agressée était anéantie. Son guérisseur et ami l'avait manipulée et attaquée. Vous pouvez sans doute imaginer à quel point cela l'a troublée. Elle a communiqué avec un centre de prévention du suicide et du viol. Elle a entrepris un long combat contre la dépression, elle a eu un accident de voiture, elle a été hospitalisée, et puis elle a eu un autre accident de voiture où elle a frôlé la mort.

Cela ne s'est pas arrêté là pour elle non plus. Elle a par la suite consulté des médecins qui se sont entêtés à lui prescrire des médicaments qui lui brouillaient les idées. Plus tard, ces médicaments ont provoqué des malaises cardiaques. Elle a été hospitalisée à maintes reprises, et a encore une fois frôlé la mort dans la salle des urgences. Elle a même subi un arrêt cardiaque.

Cela a été une période horrible.

Pendant ce temps, Jonathan se cachait. Il n'a jamais offert son aide. Il ne s'est jamais excusé. Et il est disparu de notre vie.

Mon gourou m'avait poignardé et m'avait abandonné baignant dans mon sang. La douleur était indescriptible. J'ai dû trouver de l'aide. Encore aujourd'hui, ce souvenir est très douloureux. C'est la première fois que j'en parle aussi ouvertement.

Vous savez sans doute maintenant que j'ai tendance à être à l'écoute des signaux que m'envoient les expériences de la vie. Je me suis donc demandé pourquoi tout cela était arrivé. Pourquoi Jonathan était-il devenu mauvais? Pourquoi m'avait-il fait mal et blessé d'autres personnes qui l'aimaient? Quel était l'aspect positif de cette situation négative? Comment pouvais-je transformer ceci en une expérience positive?

Je me rappelle avoir lu un passage qui m'a aidé dans l'un de mes ouvrages préférés, *Breaking the Rules*, de Kurt Wright. Le voici:

« Avez-vous déjà remarqué à quel point il est facile de trouver la perfection dans des événements qui se sont passés il y a un an ou plus? C'est vrai pour la majorité d'entre nous, même lorsque ces événements nous avaient semblé tragiques, horribles ou dévastateurs. Donc, s'il est possible d'y voir la perfection un an plus tard, n'est-il pas sensé de croire que cette perfection était déjà présente au moment même où les choses se sont déroulées ? »

Oh là là ! Quel énoncé libérateur ! Il nous pousse à chercher un aspect positif dans toute chose, et à le chercher dès maintenant.

J'ai donc réexaminé le cas de Jonathan. Je ne pouvais que conclure qu'il s'agissait d'un don de liberté. Pendant plus de dix ans, je m'étais tourné vers lui chaque fois que j'avais besoin d'aide. Eh bien, il était maintenant temps pour moi de devenir mon propre guérisseur, mon propre meilleur ami, et mon propre gourou. J'étais libre.

Je ne me suis jamais senti aussi bien. J'éprouve de la reconnaissance envers Jonathan qui m'a aidé lorsque j'en avais besoin, et je souhaite qu'il soit heureux, où qu'il se trouve. Je ne veux plus qu'il fasse partie de ma vie et je n'ai plus besoin de lui, mais je ressens de la gratitude pour les bons moments que nous avons passés ensemble.

Pour ce qui est de mon amie qui a été agressée, elle est décédée le 2 octobre 2004. Elle ne s'est jamais vraiment remise de la trahison, de la douleur et de l'humiliation que Jonathan lui a fait subir. Elle a tenté de guérir, et elle a tenté de lui pardonner, mais elle a souffert pendant les trois dernières années de sa vie. Elle n'a trouvé la paix que dans la mort.

Entre-temps, mes aventures continuent et ma vie est remplie de magie et de miracles. Comment est-ce que j'arrive à conserver ma trajectoire ? Je travaille ces jours-ci avec plusieurs personnes qui m'y aident. La plupart d'entre elles figurent sur une liste que vous trouverez à la fin de cet ouvrage.

Il existe d'autres guérisseurs, bien entendu. Le seul conseil que je puisse vous donner, c'est de suivre votre intuition, et de ne pas devenir dépendant d'une méthode ou d'un guérisseur en particulier. Votre objectif est de trouver la liberté. La seule voie passe par une alliance avec l'Esprit.

Faites-vous confiance.

La preuve

Voici ce que certaines personnes ont dit après avoir lu la première version de ce livre. Toutes ces critiques figurent sur le site Web d'Amazon dans leur version originale anglaise.

Pendant que je lisais ce livre, j'ai eu une véritable révélation. Pour la première fois de ma vie, je me suis donné la permission de gagner de l'argent! Vous connaissez ces circonstances qui nous empêchent d'aller de l'avant jusqu'à ce que nous décidions finalement d'abandonner?

Même après toutes ces affirmations que j'ai faites au fil des ans à propos de la liberté financière, je n'avais pas encore réalisé à quel point j'étais paralysée par toutes sortes de «circonstances» reliées à l'argent. Ce livre m'a LIBÉRÉE et a fait naître en moi une passion pour la vie que je n'avais pas connue depuis des années!

— JEAN M. BREEN, Wisconsin Rapids, Wisconsin

Cela faisait dix-sept ans que j'étais un adepte de la littérature consacrée au succès lorsque j'ai lu l'ouvrage de plus de mille cinq cents pages intitulé Les Lois du succès *de Napoleon Hill.* J'apprenais continuellement, mais sans jamais vraiment «réussir». Le Facteur d'attraction *a été l'ultime chaînon de mon cheminement d'apprentissage. Ce livre m'a aidé à accomplir tout ce que je me suis proposé de faire.*

— Paul House, Middlesex, Caroline du Nord

Depuis quinze ans que je suis directeur de la publicité, je suis souvent témoin du temps et des efforts qui sont consacrés à l'élaboration des messages et à leur placement médias. L'ouvrage de Joe Vitale, Le Facteur d'attraction, *révèle un important secret pour garantir l'efficacité d'une annonce publicitaire.*

Joe nous explique comment notre énergie se retrouve dans tout, de notre carte professionnelle à notre matériel publicitaire. C'est à cela que les gens réagissent, bien plus qu'à la présentation ou à la couleur. Le livre de Joe démontre comment ce sont nos croyances personnelles et l'énergie que nous mettons dans ce que nous créons qui font tout le succès de nos campagnes publicitaires.

— John Livesay, Los Angeles

En tant que médecin, psychiatre et spécialiste du marketing sur Internet, je sais à quel point il est important, non, absolument crucial, de développer une mentalité de «marketing millionnaire». Tant que vous ne le faites pas, toute tentative dans le domaine du marketing, telle que la rédaction de matériel destiné à la vente, demeurera vaine.

L'auteur explique de façon très détaillée ce qu'il convient de faire pour adopter et conserver cette mentalité gagnante. Et c'est beaucoup plus facile que vous pourriez le penser. Je recommande chaudement cet ouvrage à tous ceux qui songent SÉRIEUSEMENT à mettre en marché un produit ou un service.

— STEPHEN GILMAN, M.D., New York

J'avais l'habitude de me lever chaque matin physiquement épuisé, émotionnellement vidé, et mentalement abattu. Et puis j'ai lu Le Facteur d'attraction. *La formule proposée par Joe m'a aidé à me débarrasser de problèmes reliés à des agressions mentales, physiques et sexuelles subies pendant mon enfance, d'une dépendance à la drogue et à l'alcool qui datait de mon adolescence, de la pauvreté dans laquelle je baignais depuis toujours, et de la profonde conviction que j'étais «destiné à échouer». Je ne suis plus l'esclave de croyances négatives. La lecture de ce livre m'a permis de me décharger d'une TONNE de bagages inutiles qui m'écrasaient.*

— UN LECTEUR DE FARMINGTON, Arizona

Joe Vitale a écrit un ouvrage excellent, clair, succinct et inspirant: un mini-guide et une carte routière pour concrétiser vos rêves. Je dois admettre que j'ai développé une forte dépendance envers les livres et les cassettes traitant de prospérité. Après quinze années de lecture, de cours et d'écoute de cassettes audio, il m'apparaît clairement que la voie qui mène à la prospérité passe par la spiritualité.

Joe distille la sagesse spirituelle de nombreux maîtres qui ont traité de la façon de concrétiser nos rêves et nous la présente avec lucidité et force. En partageant avec nous certains secrets embarrassants (par exemple, vol à l'étalage pour manger) et en nous montrant comment il a finalement pu créer la vie qu'il souhaitait en utilisant un programme en cinq étapes d'une grande simplicité, il nous fait réaliser que nos propres rêves sont vraiment accessibles et réalisables !

Il s'exprime comme un gars ordinaire (et non comme un super gourou de la motivation qui connaît des succès phénoménaux qu'aucun d'entre nous ne pourrait espérer reproduire), et il partage avec nous des miracles que lui-même et d'autres personnes ont accompli au moyen d'un plan simple qui peut métamorphoser une vie. C'est ce qui rend ce livre si précieux. Joe parle vraiment avec son cœur ; son intégrité et son honnêteté irradient de sa prose. J'en suis à ma deuxième lecture et je sais que ce ne sera pas la dernière.

— Laura V. Rodriguez, Silver Spring, Maryland

Au cours des quinze dernières années, j'ai lu plus de cent cinquante ouvrages consacrés à la spiritualité, à l'auto-amélioration, à la recherche de la prospérité, etc. Un grand nombre de ces livres étaient très bons et m'ont aidé à m'engager sur la bonne voie et à faire ce que je voulais de ma vie. Mais ce n'est qu'après avoir lu Le Facteur d'attraction *que j'ai compris ce qui m'empêchait de vivre la vie de mes rêves.*

La solution se trouve dans l'énoncé «projetez vos sentiments ou matérialisez-les». J'ai réalisé que des croyances inconscientes m'empêchaient d'aller de l'avant. J'ai compris que je ne tirerais rien de mes visualisations tant que je ne serais pas entièrement disposé à atteindre mon but.

— Roger Haeske, South River, New Jersey

Je vis à dix minutes de l'une des plus grandes librairies du monde spécialisées en métaphysique, et je ne manque donc pas de lecture. J'ai lu l'ouvrage de Joe à deux reprises. J'ai conseillé à des gens de l'acheter sur Amazon.com, et j'en ai moi-même acheté plusieurs exemplaires que j'ai offerts à des amis et à des clients. Je crois que c'est une bénédiction.

Le Facteur d'attraction est une lecture qui s'impose pour tous ceux qui veulent apprendre à faire une réalité de ce qu'ils désirent dans leur vie. Ce qui distingue le livre de Joe d'un grand nombre des ouvrages que j'ai lus, c'est qu'il nous montre comment son auteur a trouvé des gens qui pouvaient le guérir, le guider et lui permettre de véritablement changer ses croyances de manière à remodeler sa réalité.

— Ann Harcus, États-Unis

Et voici quelques histoires vraies de gens qui ont réalisé des miracles en mettant en pratique les cinq étapes que vous avez apprises tout au long du livre :

La première fois que j'ai lu Le Facteur d'attraction, *j'avais l'objectif de l'utiliser afin de faire de la prospection pour mon entreprise de marketing de réseau, comme l'un de mes mentors l'avait fait.*

Mais, au fil de ma lecture, j'ai changé! J'ai finalement compris, après des années passées à lire des ouvrages consacrés à l'initiative personnelle et à assister à des séminaires, j'ai trouvé quelque chose qui était ENFIN différent. (Il m'était même arrivé d'utiliser sans succès des affirmations au début d'un séminaire afin qu'il soit différent des autres)!

Après avoir lu Le Facteur d'attraction, *j'ai accepté de servir de cobaye lors d'une téléconférence animée par Mandy Evans, et j'ai immédiatement quitté l'entreprise qui venait de m'embaucher, car j'ai enfin compris qu'elle n'évoluait pas dans le cadre de mes valeurs. J'avais changé d'emploi cinq fois en douze ans et chacun d'eux avait contribué à mon enlisement. J'étais donc une bonne candidate pour l'Univers et ses immenses possibilités.*

Lorsque Joe a publié The Greatest Money-Making Secret in History!, *j'ai été enthousiasmée et j'en ai acheté dix exemplaires uniquement pour bénéficier de toutes les primes offertes. J'ai lu la version PDF en ligne le jour même et j'ai eu l'idée de faire une «vente-débarras gratuite». J'ai rassemblé tous les livres que j'avais eu l'intention de mettre en vente sur eBay et j'ai décidé de les DONNER à qui les voulait, en les offrant sur le site WEB* The Greatest Networker, *là où j'avais pour la première fois entendu parler de Joe. Presque tous ces ouvrages traitant de marketing de réseau (des ensembles livres-cassettes) étaient neufs et se vendaient quarante-cinq dollars au prix de détail. Mais encore là, je n'étais pas complètement désintéressée!*

Les premières «commandes» sont arrivées, et bien que je n'aie pas mentionné de frais postaux et que l'argent était «rare», j'ai décidé d'assumer les frais d'affranchissement même si certains des preneurs avaient offert de les payer. J'ai délibérément choisi d'aller à la pharmacie où se trouvait un comptoir postal et des terminaux de jeu. J'ai pensé miser les bons points de mon karma auprès des dieux du hasard afin de gagner un peu d'argent. Avant même d'arriver, j'avais tout prévu: la machine, la mise, le jeu et les résultats. J'ai posté mes colis et je suis allée jouer.

J'ai tout choisi conformément à mon plan et, avant même d'avoir dépensé vingt dollars, j'obtenais une quinte royale, en fait huit cents dollars! J'avais déjà gagné au jeu, et des montants plus importants, mais quelque chose dans la façon dont cela s'était déroulé exactement comme je l'avais visualisé était d'autant plus excitant et effrayant, et devenait la quille maîtresse de mon bonheur présent..., car la meilleure chose qui aurait pu m'arriver, mais qu'on aurait pu croire la pire, s'est produite ensuite.

Au cours des quelque six heures qui ont suivi, j'ai perdu les huit cents dollars que je venais de gagner, plus tout l'argent que j'avais en poche à mon arrivée. Pourquoi cela a-t-il été une bonne chose? Parce que je suis une joueuse compulsive. Et même si je m'étais dit que, logiquement, je ne pouvais pas me servir du Le Facteur d'attraction *pour gagner au jeu*, cette expérience a changé ma façon de penser.

Quelques jours plus tard, le 15 juin 2003, je suis devenue membre des Joueurs Anonymes et je n'ai plus joué depuis. Soit dit en passant, le fait de me joindre aux Joueurs Anonymes faisait une réalité de mon affirmation: «J'attire dans ma réalité des gens exceptionnels qui s'engagent pleinement à m'épauler en échange d'un soutien similaire.» Et selon mes comptes de jeu, je mettais dans les machines à sous une moyenne de deux cent mille dollars par année, sans compter le temps que je passais loin du travail, de mon mari et de la vraie vie.

Donc, le plus important, c'est que je suis vraiment détachée du fait que la rédaction de cet essai me permette ou non d'assister au Sommet. Une part de moi-même tarde toujours à prendre des décisions, ce qui laisse amplement de latitude à l'Univers !

J'ai encore beaucoup à dire sur cette histoire ; en voici quelques faits saillants :

- Comment j'ai prévu travailler en association avec Joe et comment cela s'est produit sans même que je le sache ;

- Pourquoi Adventures Within *est le dernier ouvrage consacré à l'initiative personnelle que j'aurai jamais à lire ; et*

- *P. T. Barnum aurait-il porté la tiare ?*

Mais étant donné que j'ai déjà dépassé les cinq cents mots demandés, je devrai vous raconter le reste au Sommet, en personne !

Soyez heureux !

— Christy Hoffman

Un dimanche matin, le 23 mai 2004, j'ai décidé de relire Le Facteur d'attraction. *Je crois que j'en étais à ma cinquième lecture. Chaque fois que je lis cet ouvrage, je découvre quelque chose qui m'avait auparavant échappé. Ces derniers temps, je n'apprécie plus travailler dans l'entreprise que j'ai créée il y a environ huit ans. Je pense qu'il est temps que je passe à autre chose qui me plairait davantage. Je ne suis pas faite pour l'entretien ; je suis une créatrice.*

J'avais songé à garder mon entreprise et à en confier la gestion à quelqu'un d'autre, mais je n'étais pas à l'aise avec cette solution. Après avoir révisé une fois de plus les cinq étapes, j'ai dressé la liste de mes désirs. J'ai ensuite réalisé un «film» du jour où je vendrais mon entreprise. J'ai pénétré dans mon

« rêve », et je l'ai projeté sans arrêt sur l'écran de mon esprit. J'ai imaginé que j'étais libérée de mes responsabilités et remplie de joie à l'idée de passer un samedi avec mon mari. C'était un « rêve » tellement agréable.

J'ai été brutalement ramenée à la réalité par le téléphone qui sonnait. Je me demandais bien qui pouvait m'appeler si tôt un dimanche matin. C'était l'un de mes amis. Après quelques plaisanteries, il m'a dit qu'il aimerait parler de moi à un ami qui serait peut-être intéressé à acheter mon entreprise.

Je lui ai dit que j'étais d'accord. Cinq minutes après notre conversation, le téléphone sonnait de nouveau. Cette fois, c'était l'ami en question. Nous nous rencontrerons la semaine prochaine. Je ne sais pas si c'est lui qui achètera mon entreprise, mais je n'aurais jamais pensé à lui puisque je ne le connais pas encore. GÉNIAL ! Les choses n'ont pas traîné !

Je suis engagée sur cette voie depuis longtemps, mais les principes exposés dans Le Facteur d'attraction *sont tellement faciles à suivre. C'est le fait de lâcher prise qui fonctionne. Il se produit sans cesse des miracles pour moi aussi, Joe. Celui-ci n'est que le plus récent !*

— Becky Hutchens

Mon grand ami Bill Hibbler a écrit :

Je n'oublierai jamais le rôle que Le Facteur d'attraction *a joué dans ma vie. J'avais commandé le livre en août 2001, mais ce n'est qu'après le 11 septembre que j'ai commencé à faire les exercices qui y sont proposés.*

Après avoir œuvré pendant près de vingt-cinq ans dans le milieu de la musique, j'ai décidé qu'il était temps de passer à autre chose. J'adorais enseigner et j'avais aussi quelques projets d'écriture, mais il fallait que je trouve un moyen de gagner de l'argent pendant que j'écrivais.

Je me suis associé à un ami qui était propriétaire d'un service de limousine et j'ai commencé à travailler comme chauffeur pour des dirigeants d'entreprises, faisant la navette entre les aéroports de Houston au volant d'une berline de luxe. Me retrouver au volant d'une limousine était très différent que d'être assis à l'arrière, mais cela me procurait un revenu stable et me laissait beaucoup de temps libre pour écrire sur mon ordinateur portable.

«J'ai développé une fascination pour le marketing, ce qui m'a amené à découvrir votre programme distribué par Nightingale-Conant, The Power of Outrageous Marketing. *J'ai trouvé un grand nombre d'idées fantastiques dans vos cassettes audio, et* Turbocharge Your Writing, *un livre qui faisait partie du programme, m'a beaucoup aidé à écrire mon premier ouvrage.*

Le transport par limousine n'était pas florissant en 2001. Le ralentissement de l'économie nous touchait directement et j'avais accumulé une importante dette de crédit. C'est à peine si j'arrivais à garder la tête hors de l'eau et j'ai jugé que la seule façon de m'en sortir était de vendre ma maison, de rembourser mes dettes et de trouver un moyen de m'adonner à temps plein à l'écriture et au marketing.

J'ai élaboré un plan dans le cadre duquel je conduirais sept jours par semaine et j'économiserais le plus possible. Je mettrais ensuite ma maison en vente au printemps 2002. J'étais sur le point de mettre mon plan à exécution lorsque les événements du 11 septembre ont eu lieu.

«J'ai regardé les actualités, pétrifié d'horreur, tout comme le reste du monde. En plus du traumatisme causé par la tragédie elle-même, je me retrouvais sans travail. Les avions étant

cloués au sol, nous n'avions plus de clients. Je devais néanmoins verser un important paiement de location-bail sur ma Lincoln, sans compter une grosse prime d'assurance commerciale. Il m'était impossible de payer ces factures. J'ai donc perdu mon emploi et ma voiture, et je me suis retrouvé dans une situation catastrophique.

J'avais toujours eu un excellent crédit et je détenais probablement une douzaine de cartes de crédit. Mais voilà que, du jour au lendemain, mon téléphone s'est mis à sonner sans arrêt lorsque mes créanciers ont constaté que je ne respectais pas la date d'échéance de mes paiements. Pour couronner le tout, mon couple venait d'éclater, je souffrais soudain d'hyperglycémie et j'avais des problèmes visuels.

N'ayant plus le choix, j'étais prêt à tenter presque n'importe quoi pour m'en sortir. J'ai ouvert Le Facteur d'attraction et j'ai commencé à mettre en pratique les cinq étapes qu'il propose. J'ai clairement défini ce que je voulais dans la vie et je l'ai mis par écrit. J'ai spécifié que je souhaitais déménager à Wimberley, au Texas, une jolie petite ville tranquille, située près d'Austin.

J'ai aussi demandé une relation saine, positive et tendre avec une femme attirante, vive et intelligente. Je voulais trouver un endroit où je pourrais continuer à enrichir mes connaissances en marketing et vivre de ma plume. Et je voulais me débarrasser de mes dettes et avoir une voiture entièrement payée. C'était voir grand, étant donné ma situation. Rappelez-vous que je n'avais ni emploi ni voiture à ce moment-là.

Ce jour-là, j'ai décidé d'utiliser le modèle proposé dans le livre pour demander de l'aide. Moins de quarante-huit heures plus tard, une amie à qui je n'avais pas parlé depuis un certain temps m'a téléphoné. Je lui ai décrit ma situation. Elle m'a dit que, comme on venait de lui attribuer une voiture de fonction, elle était toute disposée à me prêter son véhicule personnel tant *que j'en aurais besoin. Elle était heureuse de savoir que sa voiture passerait chaque nuit dans mon garage fermé à clé plutôt que dans le parc de stationnement de l'immeuble où elle habitait.*

J'avais dorénavant un moyen de transport. Le lendemain, un autre ami m'a appelé et m'a offert un emploi à temps partiel qui me procurerait assez d'argent pour me maintenir à flot pendant un certain temps. Et puis, surprise, quelqu'un d'autre m'a téléphoné pour me demander si j'avais le temps de faire de la rédaction publicitaire pour un projet de site Web.

J'ai été renversé par la rapidité avec laquelle j'avais obtenu des résultats. J'avais suivi les étapes simples exposées dans Le Facteur d'attraction *et j'avais trouvé ce dont j'avais exactement besoin.*

Et ce n'est pas tout. Ma condition physique a également changé. Les nouvelles lunettes que je venais d'acheter sont devenues inutiles. Mon taux de glycémie est passé de deux cent quarante-cinq à cent soixante-cinq en l'espace d'un mois sans aucune médication. Mon médecin était étonné.

La prochaine étape consistait à mettre ma maison en vente, mais la conjoncture n'était pas favorable. On m'a conseillé d'attendre au moins jusqu'au printemps, saison plus propice au marché immobilier, dans l'espoir que l'économie reprenne un peu de vigueur. Cependant, je ne pouvais pas attendre et j'ai quand même mis ma maison en vente. Je l'ai vendue en très peu de temps, mais j'en ai également obtenu vingt-cinq mille dollars de plus que prévu!

Pendant ce temps, j'ai effectué quelques travaux de rédaction publicitaire. L'un d'eux portait sur une agence de rencontre en Russie. L'entreprise avait nommé l'une de ses employées qui parlait couramment l'anglais pour me seconder dans ce projet.

Elle s'appelait Elena et nous nous sommes immédiatement trouvé des affinités. Plus j'apprenais à la connaître, plus je me sentais attiré par elle. J'avais eu tant de relations malheureuses que j'avais pratiquement perdu tout espoir de trouver l'âme sœur, mais ma Lena a relégué tout cela au passé. Elle est tout ce dont je pouvais rêver, et même plus. Je n'avais encore jamais rencontré une personne aussi affectueuse et positive.

Moins de cinq mois après le 11 septembre, j'ai déménagé à Wimberley. Des cerfs de Virginie se promènent dans les rues du voisinage. Je vis sur un terrain de golf traversé par des rivières et des ruisseaux. La ville regorge d'artistes, de musiciens et d'entrepreneurs.

Je suis arrivé dans ma toute nouvelle Toyota Rav4, que j'ai payée comptant. Mon bureau se trouve à exactement neuf pas de ma chambre à coucher. Il est meublé d'un équipement informatique dernier cri et d'une imposante bibliothèque consacrée au marketing. Et mes dettes de crédit sont remboursées depuis longtemps.

Le marketing sur Internet constitue maintenant mon activité principale. Avec plus d'une douzaine de sites Web, dont RudlReport.com et Ecommerce-Confidential.com, j'aide maintenant les autres à concrétiser leurs rêves et à gagner leur vie en ligne, tout comme je l'ai fait moi-même. Et, pour couronner le tout, j'ai épousé Elena le 8 septembre 2002.

J'ai créé un groupe de réflexion composé d'amis intimes et nous nous réunissons une fois par semaine pour discuter de concepts d'affaires et pour nous soutenir mutuellement. L'un de ces amis est Joe Vitale, dont les mots ont permis la concrétisation d'un grand nombre de mes rêves.

Lorsque je relis la liste de souhaits que j'avais dressée en appliquant les cinq étapes de Joe, je constate que les seules choses que je n'ai pas réalisées sont en fait des buts que j'ai délibérément mis de côté. La volonté dont j'ai fait preuve y est bien sûr pour quelque chose, mais je n'aurais probablement jamais songé à demander ce que je voulais si je n'avais pas lu Le Facteur d'attraction. *Les techniques exposées dans le livre de Joe ont sans contredit fait des miracles pour moi.* »

Voici maintenant l'histoire d'une passionnée des voitures, comme moi, qui a créé son propre bolide :

Il y a tant de choses extraordinaires qui se produisent dans ma vie depuis que j'ai lu votre livre et que je mets en pratique votre formule en cinq étapes.

Voici justement l'un de ces GRANDS miracles, pendant l'été 2003, lorsque votre livre s'est retrouvé entre mes mains, j'étais terriblement lasse de ma vie et j'avais désespérément besoin d'un changement.

J'avais en tête l'image de la voiture de mes rêves, et comme j'adore les Maxima, je souhaitais avoir la nouvelle Nissan Maxima 2004, bleue, équipée de tous les accessoires imaginables, avec banquettes de cuir noir et toit ouvrant.

J'ai immédiatement commencé à mettre vos étapes en pratique : j'ai décrit sur papier ce que je voulais, j'en ai imprégné mon esprit, j'ai tout effacé et j'ai lâché prise.

À cette époque, mon crédit n'était pas très bon et je ne savais pas comment j'arriverais à payer ma nouvelle voiture. Mais je n'ai pas laissé cette pensée effacer mon rêve. Chaque fois que je sentais la peur émerger avec sa vilaine petite tête, je précisais mon rêve en pensée et je remerciais Dieu pour ses bénédictions et ma nouvelle voiture.

Deux mois plus tard, mes revenus ont augmenté, j'ai eu un rabais de cinq mille dollars chez le concessionnaire, et je circule maintenant au volant de la voiture de mes rêves en arborant un

GRAND, GRAND *sourire, pendant que le soleil me caresse le visage à travers le toit ouvrant!*

Merci, Joe Vitale, d'avoir partagé votre histoire et vos réalisations dans Le Facteur d'attraction *!!!*

— MISSI WORCESTER www.TheHealthyShop.com

Ce correspondant a trouvé l'ascenseur menant à un éditeur et à des librairies:

«*Mon but était de vendre au moins l'un des mes livres à un éditeur.*

Première étape. Ce que je ne voulais pas: *Je ne voulais pas être obligé d'envoyer d'innombrables propositions et d'en faire un combat. Je ne voulais pas attendre une éternité. Je ne voulais pas que mes manuscrits dorment sur le coin d'un bureau chez les éditeurs. Je ne voulais pas essuyer de refus après trente jours.*

Deuxième étape. Ce que je voulais: *Je voulais un éditeur intègre qui saurait donner à mon livre la visibilité qu'il mérite dans les librairies. Je voulais que tout soit facile, que tout se déroule sans incident. Je voulais un paiement anticipé décent et la garantie de quelques activités promotionnelles. Je voulais un éditeur qui assurerait à long terme la mise en marché de mon livre.*

Troisième étape. La visualisation: *Je voulais concrétiser ce rêve parce que j'ai écrit un excellent petit livre et que je souhaitais le rendre accessible à un vaste public. Je voulais aider beaucoup de gens, vendre beaucoup de livres, gagner beaucoup d'argent et avoir beaucoup de plaisir. Je voulais que mon nom soit associé à celui d'un éditeur prestigieux. Je voulais une distribution de masse.*

Quatrième étape. La projection : *Je voulais avoir le senti-ment d'être un auteur reconnu, prospère, apprécié, exalté à l'idée qu'un «grand» éditeur s'occupe de mes livres. Je voulais avoir le sentiment d'être original, d'être «arrivé».*

Cinquième étape. Lâcher prise tout en passant à l'action : *J'ai, entre autres choses, envoyé trois télécopies commençant par les mots suivants : «Étant donné que j'ai vendu bon nombre de livres, peut-être qu'un éditeur tel que vous pourrait faire mieux...»*

Mais ce qui est le plus extraordinaire dans toute cette histoire, c'est que pendant que je naviguais sur le Web à la recherche d'éditeurs, j'ai croisé par hasard une femme qui avait aimé mon livre en 1996 lorsqu'elle travaillait chez un autre éditeur (coïncidence?).

Son patron et moi ne nous étions pas rencontrés à l'époque et aucune entente n'avait été conclue. Elle travaillait mainte-nant dans une meilleure maison d'édition, et elle a fait la promotion de mon livre à l'interne. Absolument aucun effort de ma part, exception faite des trois télécopies. Tout a été réglé en un clin d'œil. J'ai rencontré l'éditeur chez BEA à New York, et nous avons échangé une poignée de main.

La nouvelle édition, revue et améliorée, de Handbook to a Happier Life *a été publiée moins de dix mois plus tard et placée sur les rayons de toutes les librairies du pays. C'est un record dans le monde de l'édition. La traduction en allemand est parue cette année.*

Soyez heureux et que Dieu vous bénisse.

— JIM DONOVAN, auteur et accompagnateur
www.jimdonovan.com et www.thebookcoach.com

Mon voyage a débuté il y a environ deux ans, lorsque j'ai lu Le Facteur d'attraction *pour la première fois. Vos écrits m'ont beaucoup touchée, et il m'est arrivé de m'en servir et de les mettre à profit.*

Environ un an plus tard, c'est avec ardeur que j'ai commencé à mettre en pratique ce que j'ai appris en lisant votre livre. Et depuis, ma vie est en plein essor!

Maintenant, il m'arrive souvent d'omettre la première étape (Sachez ce que vous ne voulez pas) et de passer directement à : Déterminez ce que vous aimeriez avoir, faire ou être.

Cette première année que j'ai passée à «jouer» avec les cinq étapes était exactement ce dont j'avais besoin. J'ai appris à mieux visualiser, à projeter mes sentiments comme si je vivais la situation et, surtout, à lâcher prise.

J'ai trouvé la véritable abondance au cours de l'année qui vient de s'écouler. Je crée maintenant dans ma vie un grand nombre de choses incroyables et excitantes: des vacances à Hawaï, de nombreux ateliers, des tête-à-tête avec des mentors, sans compter des partenariats avec certains d'entre eux. J'ai conçu mon propre service de vidéocommunication sur l'abondance, et de nouvelles occasions ne cessent de se présenter!

En apprenant à visualiser et à lâcher prise, j'ai su attirer vers moi des occasions et des expériences que mon ego n'aurait jamais pu concevoir autrement.

Merci, Joe. Vous m'avez aidée à transformer ma vie, et je vous en serai éternellement reconnaissante.

Votre amie, pour toujours.

— VELMA GALLANT
Accompagnatrice
www.welcomechanges.com

Voici un témoignage qui nous vient du bout du monde :

Monsieur Joe,

Je voulais justement vous adresser un mot pour vous remercier de ce que vous avez fait pour moi et vous dire comment ma vie s'est améliorée (et c'est peu dire), mais vous nous avez demandé de vous décrire comment Le Facteur d'attraction *nous a influencés.*

Le Facteur d'attraction m'a sauvé la vie. J'étais engagé à toute vitesse sur la pente descendante. Absolument rien ne me souriait. J'étais sans emploi depuis trois ans. Le monde entier me claquait la porte au nez. Tous, incluant mes parents et mes amis, m'avaient laissé tomber parce que je n'arrivais pas à répondre aux normes édictées par la société et à subvenir à leurs besoins comme ils l'entendaient. J'avais le sentiment d'être seul au monde et de n'avoir nulle part où aller.

J'étais en proie au désespoir lorsque j'ai trouvé votre ouvrage, et ma vie n'a plus jamais été la même depuis. Maintenant, les offres d'emploi affluent et ma situation financière est excellente. Il semble que je sois promis à un brillant avenir, et je suis sur le point de me réconcilier avec ma famille et mes amis.

Je vis actuellement à Karachi, au Pakistan. Cette partie du monde ne ressemble à nulle autre. J'ai vécu aux États-Unis pendant cinq ans et demi et je suis diplômé de l'université du Kansas. Je suis donc en mesure de faire des comparaisons. Mais le plus grand défi pour moi, c'est que la vie est très différente ici.

Notre société est tellement empreinte de négativisme qu'il est difficile pour moi de demeurer positif et d'appliquer votre formule en cinq étapes, en particulier le volet consacré à la visualisation. J'arrive à m'imaginer en train de gravir les échelons, mais je dois aussi me battre à cause de l'environnement qui est le mien. Néanmoins, je fais de mon mieux.

J'ai trouvé beaucoup d'aide dans le magazine électronique de Carol Tuttle et le site TUT que j'ai également connu grâce à vous. J'ai aussi lu La puissance de votre subconscient[4] *de Joseph Murphy. De plus, M. Vitale, si vous connaissez quelqu'un à Karachi qui pourrait m'aider, j'apprécierais beaucoup que vous m'en fassiez part, car je ne connais personne ici qui met vos concepts en pratique.*

J'aimerais obtenir le plus de matériel possible auprès de vous, car je m'intéresse également au marketing sur Internet. Je sais que votre temps est précieux, mais il fallait que je vous dise ce que je souhaite. Je ne saurai jamais assez vous remercier pour ce que vous et votre livre avez fait pour moi et d'innombrables autres personnes. Merci de m'avoir fait découvrir « l'autre monde ».

— FAISAL IQBAL

Ce correspondant voulait, et a obtenu, quelque chose d'« incroyable » :

Il y a quelques mois, je suis allé voir l'incroyable Kreskin. J'avais déjà assisté à l'une de ses représentations et j'avais été impressionné, mais il ne m'avait pas choisi pour « lire mes pensées ».

C'est ce qui m'aurait véritablement convaincu du pouvoir de l'esprit. Donc, cette fois-ci, j'ai clairement formulé à l'avance mon intention d'être choisi et de lui donner l'occasion de me convaincre de l'authenticité de sa démarche.

---

4. Produit aux éditions Un monde différent en condensé, sous format de deux cassettes audio.

Le trajet me prendrait environ une heure et demie, mais j'ai décidé de jouer prudemment et de partir plus tôt.

Néanmoins, un accident de la route m'a considérablement retardé.

J'étais très nerveux à l'idée de rater la représentation. Mais j'ai maintenu mon intention au premier plan, même si j'étais assailli par le doute. Lorsque je suis arrivé, le parc de stationnement du casino était bondé. Je me suis tourné vers le service de voiturier, mais l'attente était de près d'une demi-heure.

J'étais maintenant en retard.

J'ai poussé quelques cris pour chasser la tension, et j'ai continué à visualiser mon intention. J'ai finalement trouvé un espace de stationnement à environ cinq cents mètres du casino et je me suis précipité vers la salle où le spectacle était en cours depuis dix minutes.

J'ai pris la meilleure place parmi celles qui étaient encore libres. Je me trouvais dans les premiers rangs, ce qui concordait avec une autre de mes intentions.

Alors que je me détendais et me concentrais sur le spectacle, Kreskin a demandé à l'auditoire de penser à trois choses différentes. Étant donné que j'avais consulté le site MrFire.com juste avant mon départ, je me suis représenté en esprit le site Web avec les flammes en arrière-plan et le visage de Joe. J'ai ensuite pensé à mes couleurs préférées et à un bonhomme de neige. J'ai visualisé mes intentions, tout en gardant ces images à l'esprit.

Peu de temps après, Kreskin s'est écrié: «Qui est M^r. Fire?»

Je me suis levé devant mille personnes, et il m'a demandé si j'étais M^r. Fire. J'ai dit non. Il voulait savoir qui était cet homme et je lui ai dit qu'il s'agissait de l'adresse du site Web de Joe Vitale. Il m'a ensuite demandé pourquoi il voyait du bleu et du vert, mes couleurs préférées. Finalement, il a dit qu'il voyait un bonhomme de neige.

C'était incroyable !

Après la représentation, j'ai fait sa connaissance et je me suis fait photographier à ses côtés, ce qui était une autre de mes intentions.

Alors que Kreskin se frayait un chemin dans la foule du casino, je me trouvais à une distance d'environ vingt ou trente mètres de lui, et je me suis dit qu'il me fallait tenter une dernière chose pour me convaincre que tout cela était vrai.

J'ai visualisé qu'il se tournait vers moi et me faisait signe. Il parlait à quelqu'un tout en s'éloignant, et puis il s'est immobilisé et a regardé autour de lui comme s'il venait d'entendre quelqu'un l'appeler, et c'est ce que je venais de faire. Dans ma tête, je criais son nom. Finalement, il s'est tourné vers moi et m'a regardé. Nous avons tous les deux agité la main au même moment.

Ce principe fonctionne, j'en suis convaincu. C'est incroyable !!!

– MARK RYAN

Ce correspondant a appliqué les principes exposés dans Le Facteur d'attraction pour faire une différence à Istanbul :

Bonjour Joe,

Votre site www.IntentionalMeditationFoundation.com (dont il est question dans cet ouvrage) tient du génie !

Lorsque je l'ai lu, j'ai mentalement parcouru cette liste de contrôle, établie par David Ogilvy :

1. Est-ce que j'ai eu le «souffle coupé» au premier regard? ~ Et comment!

2. Est-ce que «j'aurais aimé» y penser moi-même? ~ Oui. Par contre, ce n'est pas le cas, et je vous admire!

3. Est-ce «unique»? ~ Ça l'EST certainement, et comme le dit Dan Kennedy lorsque quelqu'un déclare avoir une «idée unique»: "J'en ai cinq comme ça dans mon bureau." Bravo!

4. Cela «cadre-t-il» parfaitement avec la stratégie? ~ Absolument.

5. Cela pourrait-il être utilisé pendant «trente ans»? ~ Cela nous survivra. Cela changera le monde. Cela m'a déjà changé!

Je veux donc faire valoir vos idées ici à Istanbul. Je veux créer ces groupes partout où je poserai les pieds.

Vous m'avez profondément touché, soyez béni!

Eh oui, j'ai déjà mis en pratique de la façon suivante les principes exposés dans Le Facteur d'attraction:

1. Lorsque ma banque a fait preuve d'indifférence envers moi, j'ai utilisé ces principes pour former un regroupement de clients de petites entreprises, et j'ai réussi à faire financer notre projet par cette même banque!

2. Lorsque la thérapie familiale en Turquie n'était comprise que par l'«élite», alors que l'intervention de gens compétents était une nécessité, j'ai mis sur pied un programme de formation reconnu pour les effectifs de la fonction publique.

3. Et lorsque des bénévoles qui travaillaient avec des survivants du tremblement de terre de 1999 «se sont

égarés » quelques années après la catastrophe, j'ai utilisé ces principes pour les aider à raconter leur histoire
dans un livre publié par l'association des psychologues
turcs.

Les réalisations de ces travailleurs sont décrites en détail
sur le site Web suivant : http://www.quietquality.com.

Mais leurs réalisations n'arrivent pas à la cheville des
vôtres.

Joe, un homme très gentil appelé M. Parker vivait dans ma
ville natale. Il effectuait la livraison d'huile à chauffage. Je crois
que vous avez déjà eu un emploi similaire, et voyez où vous en
êtes maintenant.

M. Parker a livré de l'huile à chauffage pendant toute sa
vie, et son entreprise est morte avec lui.

Vous nous avez amplement approvisionnés et vous en serez
éternellement béni.

Les principes exposés dans Le Facteur d'attraction *sont
fantastiques, Joe. Ils sont tellement plus grands que vous et moi.
Vous les exposez clairement et amoureusement, de manière à ce
que nous en bénéficions tous.*

Veuillez me tenir au courant.

Affectueusement.

— STEPHEN BRAY

Une femme charitable révèle sa véritable nature grâce à
ma formule en cinq étapes :

J'ai toujours eu davantage de difficulté à poursuivre mes propres buts que ceux qui m'étaient imposés par les autres. J'aspirais à vivre ma propre vie, mais je n'arrivais pas à voir comment je pourrais réaliser quoi que ce soit de valable.

J'ai toutefois mis en pratique la formule exposée par Joe dans Le Facteur d'attraction, *mais sans nourrir beaucoup d'espoir. J'adore tout ce qu'a réalisé Joe Vitale, et j'étais persuadée qu'il ne me proposerait pas de démarches inutiles. J'ai fait tous les exercices. Le volet « lâcher prise » a été facile.*

De toute manière, je n'avais pas le temps de prêter beaucoup d'attention à ce que je voulais. Et puis des choses étranges ont commencé à se produire. Des occasions que j'aurais voulu saisir se sont présentées, mais cela a donné lieu à une autre lutte… celle de ma volonté contre les visées de mon entourage relativement à mon temps et à mon argent.

Comme le dit Joe, le plus difficile est de croire que nous n'avons rien à faire pour déterminer comment nous atteindrons nos buts ; j'ai donc décidé d'appliquer sa formule, fidèlement, secrètement. Un autre rêve : une autre application de la formule ! Après un certain temps, cette façon de penser est devenue une seconde nature.

Cette formule est-elle efficace ? Ma famille a créé une entreprise virtuelle qui aide un grand nombre de gens ayant des problèmes de santé. C'est certainement une façon très enrichissante d'utiliser mes aptitudes particulières !

Le Facteur d'attraction *est un outil pratique. Il m'a aidé à faire le point. Grâce à lui, je suis devenue plus confiante. Après avoir commencé à appliquer cette formule et à obtenir des résultats, elle est devenue l'un de mes outils fondamentaux. Maintenant, c'est avec enthousiasme que j'aborde n'importe quel nouveau projet, et non plus avec crainte et une propension au rejet.*

Encore aujourd'hui, même si aucun doute ne plane sur mes décisions, j'utilise la formule et les réponses apparaissent! Le Facteur d'attraction *permet de trouver nos forces intérieures et de les canaliser. Il est très agréable de constater que notre vie prend l'orientation que nous avons souhaitée. J'ai donc rapidement commencé à utiliser la formule de façon constante dans tous les domaines de ma vie.*

Joe donne de nombreux exemples qui stimulent la créativité et font naître des idées pouvant être avantageuses pour vous. Bien que le livre soit relativement bref, la formule est répétée à chaque étape. C'est tellement amusant de SAVOIR que vous allez réussir! De SAVOIR que vous pouvez facilement concrétiser vos rêves. Je savais que je représentais davantage que mon enveloppe charnelle, mais j'ignorais comment trouver le VÉRITABLE moi. Mais me voici!

Joe, je sais que votre livre changera de nombreuses autres vies, comme il l'a fait avec la mienne. Merci de m'avoir livré votre courage et votre formule.

— KARIN HENDERSON
www.menieres-disease.ca

Toujours sceptique? Lisez ce qui suit:

Contexte

Il y a deux personnes que j'ai perdues de vue au fil des ans, mais à qui j'ai pensé récemment. Ces deux hommes ne se connaissent pas, mais une vieille amitié m'unit à eux. Le premier est l'un de mes anciens camarades de classe à l'école secondaire, et le second est quelqu'un dont j'ai fait la connaissance lors de ma première expérience avec le cancer en 1993. Il avait le même type de lymphome que moi, et il avait apparemment vaincu la maladie.

Ma dernière rencontre avec mon camarade de classe datait de 1993 et avait eu lieu pendant une réunion des anciens commémorant le dixième anniversaire de la remise de nos diplômes. Soit dit en passant, 1993 est également l'année où j'avais vu pour la dernière fois mon ami survivant du cancer.

À la fin de 1993, je suis déménagé à Austin. Je me suis marié et j'ai commencé à travailler à la Dell Computer Corporation. Les vents du changement avaient déjà commencé à nous disperser tous les trois dans des directions différentes.

Projetons-nous neuf ans plus tard, en 2002. Je ne sais pas pourquoi, mais je pensais beaucoup à mes vieux amis et souhaitais ardemment rétablir le contact avec eux. M'improvisant détective de l'Internet, j'ai eu recours à toutes les ressources du Web pour les retrouver.

Mais trois semaines de recherche intensive n'ont donné aucun résultat. Au début, je me suis senti quelque peu contrarié, puis frustré, pour finalement ressentir une certaine inquiétude. Chaque fois que je suis déçu, je sais que ma vieille amie la « Peur » n'est pas loin.

Je me suis mis à imaginer toutes sortes de scénarios tragiques. Peut-être que mon camarade de classe avait accepté un autre mandat au Moyen-Orient et qu'il s'était inscrit comme la victime d'un sinistre destin dans ce monde de l'après 11 septembre. Ou peut-être mon ami qui avait vaincu le cancer une première fois avait-il finalement succombé à une récidive?

Après tout, mon propre cancer était revenu me hanter six ans après sa première manifestation, et nous avions eu tous deux le même type de lymphome. Si mon cancer était réapparu *et que j'avais frôlé la mort, peut-être avait-il fait une rechute et était-il décédé?*

Zut! Vous vous doutez sans doute où je veux en venir. Des brebis égarées laissées à elles-mêmes loin de la vigilance du berger errent inévitablement dans toutes sortes de directions, et la peur les pousse parfois à sauter du haut d'une falaise. J'en suis rapidement arrivé à la conclusion «évidente» que mes deux amis étaient morts: l'un tué par des terroristes au Moyen-Orient, et l'autre terrassé par une funeste réapparition de la maladie. Bien entendu, si je me fiais à ce raisonnement, je passerais moi aussi l'arme à gauche très bientôt. Le cancer prévoyait sans doute une troisième visite afin d'arriver à ses fins. Quel joyeux raisonnement, n'est-ce pas?

Très bien; nous sommes maintenant à la fin de 2002, et je travaille pour le gouvernement au centre-ville d'Austin. Étant donné que je ne supporte pas les bouchons de circulation, j'utilise le transport en commun pour me rendre au travail et en revenir. Ce choix est avantageux car j'ai ainsi le temps de lire des livres et d'écouter des programmes sur cassettes audio pendant le trajet. Le Facteur d'attraction a été l'un de ces livres.

J'ai apprécié l'apparente simplicité du processus en cinq étapes. Je commençais à en avoir assez de mon manque d'initiative, et j'ai décidé de mettre à l'essai la méthode de Joe Vitale en l'appliquant au sinistre scénario de ma vie.

En toute honnêteté, je dois admettre que je ne prenais pas vraiment la chose au sérieux. Je me suis contenté de suivre les étapes sans y mettre beaucoup d'émotion, en partie parce que j'étais désabusé et en partie parce que je n'étais pas certain que cela fonctionnerait. C'est peut-être pour cette raison que j'ai obtenu des résultats instantanément.

J'ai révisé les étapes dans l'autocar en rentrant à la maison.

Le processus en action

Première étape : Sachez ce que vous ne voulez pas

C'est facile. Je ne veux pas penser à la mort éventuelle de mes deux amis.

Deuxième étape : Sachez ce que vous voulez

Je voudrais que mes vieux amis communiquent avec moi, ou encore trouver un moyen de les retracer et de renouer le contact avec eux.

Troisième étape : Sachez visualiser

Mon intention était simple et claire. Je souhaitais bavarder avec mes vieux copains comme si nous ne nous étions jamais perdus de vue. Je me suis concentré sur cet objectif et j'ai écarté de mon esprit toute pensée superflue.

Quatrième étape : Sachez projeter votre intention comme si elle était déjà une réalité

Je me suis imaginé avec mon téléphone sans fil, arpentant ma demeure comme je le fais toujours lorsque je parle au téléphone, et bavardant avec mes deux amis.

Cinquième étape : Lâchez prise

Cela a également été facile (cette fois). Mon autocar venait d'arriver au parc de stationnement incitatif. Je n'ai pas eu le choix : j'ai dû lâcher prise, car je devais me concentrer sur la conduite de ma voiture en pleine heure de pointe. J'ai complètement oublié l'exercice pendant les quinze minutes du trajet parcouru pour rentrer chez moi.

Les résultats

Au moment où je garais ma voiture dans le garage, mes pensées se sont automatiquement reportées sur les tâches que je devais effectuer ce soir-là. Je partais en voyage le lendemain afin d'effectuer mon pèlerinage annuel à Las Vegas, le haut-lieu du monde occidental. Il fallait que je me prépare et que je fasse mes bagages. Aussitôt rentré, je me suis dirigé vers mon répondeur téléphonique. J'avais trois messages. Le premier avait été laissé par ma mère. Elle disait qu'elle était en route vers Austin et qu'elle arriverait sous peu pour s'occuper de ma maison et de mes chiens.

Les deux autres messages m'ont bouleversé. Le premier m'avait été laissé par mon ami qui avait survécu au cancer, et le second par mon ancien camarade de classe. J'étais estomaqué. J'avais en vain tenté de trouver ce que je voulais pendant trois semaines, et puis soudain les objets de ma quête me tombaient dessus! Grâce à une obscure technique que je venais de découvrir dans un livre et que j'avais mise en pratique bien maladroitement, deux amis dont je n'avais pas eu de nouvelles depuis neuf ans m'ont tous deux appelé le même jour!

J'ai tout d'abord rappelé mon ami qui avait survécu au cancer. Nous avons échangé nos coordonnées et avons convenu d'un rendez-vous le mois suivant. Il avait séjourné en Indonésie et il était maintenant de retour à Houston. Il était également à ma recherche pendant que je tentais de le retrouver. Il avait effectué une recherche sur Google en mentionnant mon nom.

C'est ainsi qu'il avait découvert plusieurs nouveaux articles décrivant le succès de notre dernier projet: le papier hygiénique à message défilant. Ces articles mentionnaient que j'étais un ancien employé de Dell Computer à Austin, Texas. Il avait alors appelé l'assistance-annuaire, obtenu mon numéro de téléphone et laissé un message.

Heureux hasard, il m'a appris qu'il avait quitté son emploi, qu'il était devenu agent de brevets, et qu'il était à la recherche d'un associé. Nous travaillons ensemble depuis ce jour-là.

J'ai ensuite rappelé mon camarade de classe de l'école secondaire. Nous avons échangé nos numéros de téléphone portable et parlé de nous pendant quelques minutes. Il avait déménagé à maintes reprises au cours des dernières années à cause de son travail, ce qui expliquait pourquoi j'avais été incapable de le retrouver au moyen du réseau Internet.

Le plus étrange, c'est qu'il m'a annoncé qu'il devait se rendre à Las Vegas pour le week-end et qu'il séjournerait au Stardust Hotel. Je lui ai répondu que je partais pour Las Vegas le lendemain et que je logerais au Bellagio Hotel. Deux gars qui ne s'étaient pas vus depuis neuf ans allaient se retrouver, au même moment, dans une ville qui n'était pas la leur. C'était plutôt génial!

Nous nous sommes donné rendez-vous un soir à l'un des casinos que nous aimions tous deux fréquenter afin d'y prendre un verre. Et c'est ce que nous avons fait. Cela a été fantastique!

Pour conclure, tout ce que je peux dire, c'est que le processus m'effrayait. Tous ceux qui me connaissent vous diront que je suis un sceptique-né. J'ai suffisamment d'ouverture d'esprit pour accepter de courir la chance de réussir une fois, mais si le projet ne donne pas les résultats escomptés, mieux vaut que vous n'insistiez pas, car je ne ferai jamais de seconde tentative.

Le processus est simple, mais il faut faire preuve de discipline pour l'appliquer. Même si je connais son efficacité, je dois admettre que je suis parfois trop paresseux ou trop égotiste pour en accepter les dons. C'est ma faute, et non celle du processus. Les résultats qu'il donne sont proportionnels à vos efforts.

— JOHN ZAPPA

Et il ne s'agit là que de quelques-unes des preuves qui attestent de l'efficacité du facteur d'attraction.

Et si vous créiez maintenant votre propre témoignage.

L'expérience : Une fondation pour promouvoir la méditation intentionnelle

Vous joindrez-vous à moi pour transformer le monde ?

Je suis à la recherche de gens des quatre coins du monde qui voudront bien m'aider à rehausser le degré d'énergie de la planète. Plus nous serons nombreux à utiliser le facteur d'attraction et la technique de méditation que je vais vous décrire, plus nous pourrons faire chuter le taux de criminalité et enrayer la violence, et plus nous pourrons accroître la richesse et la prospérité de ceux qui nous entourent.

Un soir, alors que je participais à une émission de radio, j'ai parlé de mon formidable plan pour changer le monde. J'ai été émerveillé par la réaction des gens qui m'ont écrit pour se porter volontaires, des offres qui provenaient de l'Afrique, l'Inde, l'Irlande, la Nouvelle-Zélande, l'Australie, et de partout aux États-Unis.

J'ai eu l'idée de ce noble projet en lisant *Permanent Peace : How to Stop Terrorism and War – Now and Forever*, de Robert Oates. Cet ouvrage expose les résultats de dix-neuf études scientifiques prouvant que lorsque des groupes s'adonnent à la méditation, la criminalité et la violence diminuent dans leur communauté. Robert Oates écrit :

« Le concept fondamental est simple à formuler : tout comme se propagent les ondulations provoquées par le caillou que l'on lance dans une mare, les ondulations de l'ordre et de l'harmonie se dégagent des groupes de méditation réunissant des experts en la matière. Cette conclusion s'appuie sur des faits probants et des statistiques significatives.

« Non seulement les manifestations de troubles sociaux diminuent-elles (les crimes violents, les incendies, les accidents de la route, les guerres et le terrorisme), mais des signes de cohésion et de progrès apparaissent. Par exemple, on a ainsi remarqué une hausse des demandes de brevets, des indices boursiers et des indicateurs économiques. »

Notez la dernière phrase. Elle laisse entendre que la méditation contribue à l'accroissement de la richesse. C'est en ayant ceci à l'esprit que j'ai décidé de créer une série de « plaques tournantes » où les gens pourraient apprendre à méditer afin d'attirer intentionnellement la richesse. Le concept est le suivant : plus vous vous aiderez vous-même, plus vous serez apte à aider les gens qui gravitent autour de vous. Et en les aidant, vous aiderez la planète.

C'est le noble but de la Intentional Meditation Foundation, un organisme sans but lucratif voué à l'enseignement d'une technique de méditation spécifique dans les quatre coins du globe, et ayant comme objectif la diminution de la violence et l'accroissement de la richesse. Et au cœur de ce mouvement, il y a un événement d'une durée de trente jours que j'appelle l'« expérience ».

Lorsque j'ai dit à une amie que je me proposais de faire une expérience d'une durée de trente jours afin de vérifier si la méditation pouvait accroître la prospérité de ceux qui s'adonnent à cette pratique, et aussi influer sur la situation de leur entourage, elle m'a posé une question intéressante.

«Te rends-tu compte que tu prévois faire cette expérience alors qu'une guerre est en cours, que les gens craignent de perdre leur emploi, leur salaire, et même la vie?

— En fait, c'est pour cette raison que je fais cette expérience», ai-je répondu.

Cette brève conversation m'avait intrigué parce que sa question laissait entendre que les événements extérieurs exercent un contrôle. Au contraire, vos revenus n'ont pas à subir les contrecoups de la guerre, de la récession, des compressions salariales ou des mises à pied. Vous n'avez pas à être une victime des circonstances. À mon avis, les événements extérieurs sont tout simplement le résultat de ce que nous faisons intérieurement.

Je le répète: *Les événements extérieurs sont tout simplement le résultat de ce que nous faisons intérieurement.*

C'est peut-être inconsciemment que nous avons attiré la situation économique dans laquelle nous nous trouvons actuellement, mais nous l'avons attirée. Ce n'est ni bon ni mauvais. C'est tout simplement un fait.

Mais ce qui est merveilleux, c'est qu'une fois que vous avez compris que vous êtes le créateur, vous pouvez créer la vie que vous voulez.

Et c'est ce qui m'amène à l'objet de ce chapitre.

Je demande aux gens de m'aider dans le cadre de ce projet que j'appelle l'«expérience». Cet événement d'une durée de trente jours est conçu pour vous apporter davantage d'argent, presque comme par magie, à condition que vous accomplissiez trois choses:

1. Faites le bilan de votre situation financière actuelle, et puis, au terme de l'«expérience», constatez les changements.

2. Méditez chaque jour pendant vingt minutes en utilisant la technique que je vais vous enseigner.

3. Agissez en fonction de vos intuitions ou des occasions qui se présenteront ensuite à vous.

C'est tout.

Mais avant de vous exposer la technique de «MI» (méditation intentionnelle), je souhaite aborder quelques principes qui prépareront la voie à cet exercice.

Vous êtes le créateur. Tout comme je l'ai fait remarquer à mon amie, vous êtes la force créatrice prédominante dans votre vie. Ce qui vous arrive est en partie créé par vous. Vous l'attirez. C'est très bien. Cela signifie que vous pouvez modifier ces manifestations et les faire correspondre à ce que vous souhaitez consciemment. Cela signifie également que vous pouvez être, faire, ou avoir tout ce que vous êtes capable d'imaginer, car vous êtes le seul responsable des résultats que vous obtenez.

Vos croyances créent votre réalité. Si vous pratiquez cette technique de MI chaque jour, mais ne croyez toujours pas qu'elle donnera des résultats, alors elle n'en donnera pas. Vous devez croire que les changements sont possibles. Ce sont les croyances qui gouvernent. L'intention est reine. Nous sommes des êtres régis par les croyances et les résultats sont des créations qui découlent de ces croyances. Modifiez vos croyances, et vous modifierez votre vie.

Vos sentiments sont un carburant. Ce sont vos sentiments qui alimentent vos croyances, vos désirs, vos espoirs et vos rêves. Lorsque vous êtes préoccupé, vous alimentez une croyance en un résultat négatif. Lorsque vous êtes confiant, vous alimentez une croyance en un résultat positif. Vos sentiments sont des facteurs de stimulation qui façonnent la réalité. Une croyance dépourvue de sentiment est une pensée. Jumelée à un sentiment, c'est une intention.

Tout ce que vous dites après les mots «*je suis*» vous définit. Vous créez votre identité par la façon dont vous vous définissez vous-même. Demandez-vous: «*Qui suis-je?*» et prêtez attention à vos réponses. Elles représentent ce que vous créez. Modifiez vos réponses, et vous modifierez les résultats que vous obtenez.

Examinons maintenant le processus de la MI.

«MI» veut dire *méditation intentionnelle*. En général, la méditation n'est pas axée sur des requêtes. Elle vise simplement un apaisement de l'esprit. En soi, c'est merveilleux.

J'ai déjà eu un t-shirt portant l'inscription suivante: «La méditation n'est pas ce que vous pensez.» Et c'est vrai! Si vous pensez, vous ne méditez pas. La méditation traditionnelle transcende la pensée.

La méditation intentionnelle se démarque de la méditation traditionnelle. Elle exige que vous vous concentriez sur un résultat précis Vous pensez, et vous le faites en faisant appel à des sentiments. La MI est une forme de requête adressée à l'univers, par le biais d'une intention consciente, dans le but d'attirer un résultat précis.

En d'autres termes, les gens qui s'adonnent à la méditation traditionnelle se contentent d'observer leurs pensées. La MI est le type de méditation dont il était question sur mon t-shirt: «La méditation n'est pas ce que vous pensez.» Il s'agit d'une méthode fantastique. Je vous encourage à l'adopter.

Dans les années 1960, les Beatles ont popularisé une forme de méditation appelée «MT», ou méditation transcendantale. On vous donne un mantra, ou une phrase particulière, que vous devez répéter sans arrêt pendant que vous êtes assis. Ce mantra garde votre esprit occupé de manière à ce que votre corps parvienne à se détendre. C'est ce type de méditation qu'utilisaient les gens pour faire chuter le taux de criminalité dans le cadre des dix-neuf études décrites dans le livre de Robert Oates.

La MI est différente.

La méditation intentionnelle vise l'obtention d'un résultat. Le sujet entreprend l'exercice de méditation en formulant une requête mentale jumelée à un sentiment, qui est ensuite amplifiée par la méditation. Autrement dit, une séance de MI peut ressembler à ceci :

« Je me vois au terme des trente jours de cette expérience, et mes objectifs professionnels du mois sont atteints, je me sens merveilleusement bien, je souris, et peut-être même que je chante ou siffle, euphorique, car j'aurai attiré comme par magie beaucoup d'argent, aisément et sans effort. »

L'énoncé représente votre intention.

Votre intention est ce que vous utiliserez comme mantra pendant votre méditation.

Vous me suivez ?

Je vais maintenant vous guider pendant toutes les étapes de la méthode pour vous aider à mieux comprendre :

Déterminez ce que vous souhaitez accomplir. Rendez votre intention crédible à vos yeux. N'oubliez pas que ce sont les croyances qui gouvernent. Si vous ne croyez pas être en mesure d'atteindre votre but, vous ne l'atteindrez probablement pas. Faites-en un défi, mais soyez également honnête avec vous-même. Encore une fois, que voulez-vous avoir accompli au terme de ces trente jours? Quelles réalisations professionnelles visez-vous, ou de combien voulez-vous augmenter vos revenus?

Mettez votre intention par écrit sous la forme d'un énoncé simple. Par exemple: «À la fin de cette expérience d'une durée de trente jours, j'aurai quinze mille dollars de plus à la banque, une somme provenant de sources imprévues.» Ou encore: «À la fin de cette expérience d'une durée de trente jours, j'aurai vingt nouveaux clients.»

Imprégnez-vous du sentiment associé à l'intention accomplie. Si vous aviez déjà ce que vous dites vouloir, comment vous sentiriez-vous? Imprégnez-vous de ce sentiment. Savourez-le. Laissez-le vous envelopper. De quoi auriez-vous l'air? Comment agiriez-vous? Quel sourire afficheriez-vous? Habitez-vous de ce sentiment dès maintenant.

C'est tout.

Je résume le tout brièvement.

Vous utilisez tout simplement votre intention (énoncé que vous avez mis par écrit), vous y jumelez un sentiment associé à son accomplissement (anticipation de la réussite) et vous passez vingt minutes par jour à vous en imprégner – en prétendant que tout cela est déjà bien réel.

Encore une fois, c'est tout.

Donc, comment fonctionne cette méthode simple? Comment agit-elle sur la concrétisation de vos intentions?

En résumé, vous adressez une requête à l'univers. Vous passez une commande. En sachant clairement ce que vous voulez, et en vous imprégnant du sentiment associé au dessein accompli, vous rationalisez le processus. L'univers vous entendra et commencera à orchestrer les événements qui vous aideront à attirer ce que vous désirez. Il suffit d'être attentif aux signaux et de suivre votre intuition. Ayez confiance.

Comme je l'ai mentionné plus tôt, dix-neuf études distinctes ont démontré que la méditation peut contribuer à la réduction du taux de criminalité. Ces études ont toutes été réalisées en utilisant une forme de méditation transcendantale. Les sujets ont ainsi créé un champ pacifique, qui s'est propagé et qui a calmé tout le monde, incluant de nombreuses personnes potentiellement violentes.

Avec la technique de la méditation intentionnelle que je viens d'exposer, vous apaisez votre esprit et vous fusionnez avec tout ce qui existe, mais vous adressez aussi une requête à l'univers. Cette requête se propagera et sera transmise aux gens qui sont en mesure de vous aider à en faire une réalité. Et puis, tout devient magique. Je sais que cela peut sembler étrange, mais j'y donne le nom d'« expérience » afin que vous puissiez découvrir, avec moi, la puissance inouïe de cette méthode.

Si vous souhaitez mieux comprendre ce processus, voici quelques excellentes sources de référence :

1.   Abonnez-vous au bulletin de Mike Dooley, intitulé « Notes from the Universe », à l'adresse suivante : www.tut.com. Ses messages (en anglais) vous aideront à demeurer concentré sur vos buts. C'est gratuit.

2.   Si vous avez de la difficulté à demeurer positif, trouvez des moyens de vous débarrasser de ces blocages et de libérer votre esprit. Un excellent livre électronique traite de ce sujet. Il a été écrit par Stuart Lichtman et Joe Vitale (oui, moi). Vous le trouverez à l'adresse suivante : www.anything-fast.com/?fid= outrageous.

3. Si les dix-neuf études portant sur la réduction du taux de criminalité grâce à la méditation vous intéressent, lisez la version électronique abrégée de l'ouvrage de Robert Oates intitulé *Permanent Peace*, disponible à l'adresse suivante : www.mumpress. com/p_k03.html#.

Si vous croyez qu'il est difficile d'attirer l'argent dans votre vie, entamez le processus en faisant des dons. C'est exact, donnez de l'argent. J'expose ce concept dans mon livre intitulé *The Greatest Money-Making Secret in History!*, que vous pouvez commander à l'adresse suivante : www.amazon. com.

Rappelez-vous ce que vous avez à faire :

1. Mettez par écrit votre situation financière actuelle et notez vos résultats à la fin de l'« expérience ».

2. Méditez vingt minutes chaque jour en utilisant la méthode de la méditation intentionnelle.

3. Agissez en fonction de votre intuition, de vos idées et des occasions qui se présentent.

N'est-ce pas facile ?

Oui, vous pouvez apporter des changements dans votre vie.

Tout commence maintenant.

Finalement, pour de plus amples renseignements, dont les résultats de recherches récentes et des études de cas, ou si vous êtes intéressé à organiser un cercle de méditation dans votre région, veuillez consulter le site suivant : www.IntentionalMeditation-Foundation.com.

«Nous ne devons pas devenir dépendants d'une forme quelconque de richesse, ou exiger qu'elle vienne à nous en empruntant une voie particulière, car c'est nous imposer une contrainte, éliminer toutes les autres formes de richesse et obstruer toutes les autres avenues ; nous devons plutôt nous immerger dans son esprit. »

— JUGE THOMAS TROWARD
The Hidden Power, 1902

Lecture et écoute suggérées

Des livres, des cassettes audio, des cours autodidactiques, et même des logiciels peuvent aider votre esprit à se concentrer sur des aspects positifs afin d'attirer la richesse (ou de combler tous vos désirs). Vous trouverez ci-dessous mes suggestions pour des heures de plaisir supplémentaire. Cette documentation vous orientera vers d'autres ouvrages. Appréciez le voyage, cher ami. Vous serez gâté. Attendez-vous à des miracles !

LIVRES

Barnett, Rick. *Healed By Morning*. Houston, TX : Dream Weaver, 2002. Ouvrage inspirant écrit par mon chiropraticien et ami. Voir également ses autres titres.

Barton, Bruce. *What Can A Man Believe?* New York : Bobbs-Merril, 1927.

Behrend, Genevieve. *Attaining Your Desires*. Austin, TX : Hypnotic Marketing, 2004. Un ouvrage extrêmement rare qui révèle les secrets de l'univers. À lire.

Bristol, Claude M. *La Magie de croire*. Brossard, Québec : Éditions Un monde différent, 2006. L'ouvrage traitant du pouvoir d'attraction de l'esprit que je préfère entre tous. La version originale est rééditée depuis 1948. J'étais adolescent lorsque je l'ai découvert. Un chef-d'œuvre.

Butterworth, Eric. *Spiritual Economics: The Principles and Process of True Prosperity*. Lee's Summit, MO : Unity, 1993. Réflexions sur la richesse d'un ministre du culte de Unity. Exceptionnel.

Chopra, Deepak. *Le Livre des coïncidences*. Paris : Dunod, 2004. Best-seller révélant que nous sommes tous reliés et pouvons attirer tout ce que nous voulons.

Cutright, Layne et Paul. *You're Never Upset for the Reason You Think*. San Diego, CA : Enlightened Partners, 2004. Ouvrage proposant un processus de libération de toute émotion restrictive.

Dahl, Lynda Madden. *Ten Thousand Whispers: A Guide to Conscious Creation*. Boston, MA : Red Wheel, 1995. Ouvre l'esprit. Lisez également son ouvrage intitulé *Beyond the Winning Streak*.

Di Marsico, Bruce. *The Principles and Philosophy of The Option Method*. New York : Option, 2004. Cette méthode m'a influencé plus que toute autre technique visant à se débarrasser de croyances restrictives. Quiconque veut explorer ses croyances doit lire ce petit bijou. Voir www.OptionMethod.com.

Dooley, Mike. *Notes from the Universe*. Orlando, FL : Tut, 2003. Inspirant. Vaut de l'or.

Doré, Carole. *The Emergency Handbook for Getting Money Fast!* San Francisco : Celestial Arts, 2002. Un livre incroyable. L'auteure y révèle des moyens stratégiques d'accroître votre énergie de manière à ce que vous attiriez littéralement l'argent à vous comme si vous étiez un aimant.

Doyle, Bob. *Wealth Beyond Reason*. Duluth, GA: Boundless Living, 2004. C'est le meilleur livre sur l'accession à la richesse que j'ai lu. Lisez-le vous aussi. www.Wealth BeyondReason.com.

Dwoskin, Hale. *The Sedona Method: Your Key to Lasting Happiness, Success, Peace and Emotional Well-Being*. Sedona, AZ: 2003. Un livre magnifique expliquant une méthode de libération toute simple.

Dyer, Wayne. *Accomplissez votre destinée*. Outremont, Québec: Carte blanche, 2002.

Dyer, Wayne. *Le Pouvoir de l'intention: apprendre à cocréer le monde à votre façon*. Varennes, Québec: AdA, 2004.

Evans, Mandy. *Travelling Free*. San Diego, CA: Yes You Can Press, 1990. Un petit guide sur la façon dont vos croyances façonnent votre réalité, et qui propose un processus de questionnement simple afin de les modifier.

Fengler, Fred et Todd Varnum. *Manifesting Your Heart's Desires*, tomes 1 et 2. Burlington, VT: HeartLight, 2002. Deux excellents livres écrits par des scientifiques chevronnés qui enseignent aux gens à concrétiser leurs rêves.

Ferguson, Bill. *Heal The Hurt That Sabotages Your Life*. Houston, TX: Return to the Heart, 2004. Un ouvrage qui vous aidera à vous défaire de ce qui mine encore probablement votre vie.

Gallwey, Tim. *The Inner Game of Tennis*. New York: Random House, 1997.

Gillett, Richard. *Change Your Mind, Change Your World*. New York: Simon & Schuster, 1992. Un guide détaillé pour transformer des croyances restrictives en réalités positives. Je vous le recommande chaudement.

Grabhorn, Lynn. *Excusez-moi, mais votre vie vous attend: le prodigieux pouvoir des sentiments*. Varennes, Québec: Éditions AdA, 2004. Un livre fabuleux sur la façon dont nos sentiments attirent notre réalité.

Gregory, Eva. *The Feel Good Guide to Prosperity*. San Francisco: LifeCoaching, 2005.

Harris, Bill. *Thresholds of the Mind*. Beaverton, OP: Centerpointe, 2002. Révèle la voie du succès.

Hawkins, David. *Power vs. Force: The Hidden Determinants of Human Behavior*. Carlsbad, CA: Hay House, 2002. Explique comment le test musculaire peut contribuer à révéler la vérité à propos de tout.

Hicks, Jerry et Esther. *Ask and It Is Given: Learning to Manifest Your Desires*. San Antonio, TX: Abraham-Hicks, 2004. Je suis un adepte des concepts d'Abraham que nous livrent ici mes amis Jerry et Esther Hicks. Il s'agit de leur plus récent ouvrage.

Hicks, Jerry et Esther. *Sara and the Foreverness of Friends of a Feather*. Introduction signée par Joe Vitale. San Antonio, TX: Abraham-Hicks, 1995. Un délicieux ouvrage de fiction qui nous enseigne à modeler notre monde grâce à la science de la création consciente.

Holmes, Ernest. *Creative Mind and Success*. San Francisco: Tarcher, 2004. Un classique inspirant sur la façon d'attirer la richesse en utilisant adéquatement notre esprit.

Houlder, Kulananda et Dominic. *Mindfulness and Money*. New York: Broadway, 2002. Révèle une voie bouddhiste menant à la richesse.

Hunt, Valery. *Infinite Mind*. Malibu, CA: 1996. Une vision scientifique des systèmes d'énergie et des vibrations humaines.

Jahnke, Roger. *The Healing Promise of Qi*. New York: McGraw-Hill, 2002. Présente le Gi Gong et le Tai Chi comme des systèmes d'énergie bénéfiques pour la santé.

Kramer, Carolyn Miller. *Creating Miracles: Understanding the Experience of Divine Intervention*. Tiboron, CA, 1995. Ce livre spirituel et enlevant nous enseigne à créer nos propres miracles. Une lecture fascinante.

Lichtman, Stuart et Joe Vitale. *How to Get Lots of Money for Anything FAST*. Livre électronique, 2002. Ouvrage incroyable révélant les méthodes d'un génie afin d'atteindre la clarté et d'obtenir des résultats rapidement. www.anything-fast.com/?fid=outrageous.

Martin, Art. *Your Body Is Talking, Are You Listening?* Penryn, CA: Personal Transformation, 2001. Un livre fascinant pour se libérer l'esprit grâce à la médecine énergétique.

Murphy, Joseph. *La Puissance de votre subconscient*. Montréal, Québec: Le Jour, 1987. Tous les ouvrages de Murphy valent la peine d'être lus. Celui-ci est un classique. Publié aussi aux éditions Un monde différent sous format de cassettes audio (en deux parties), Brossard, Québec, 1994.

Myss, Caroline. *Anatomie de l'esprit*. Paris: J'ai lu, 1998.

Neville, Goddard. *Immortal Man*. Amarillo, TX: DeVorss, 1999.

Oates, Robert. *Permanent Peace: How to Stop Terrorism and War – Now and Forever*. Fairfield, VA: Oates, 2002. Révèle comment la méditation de groupe peut faire chuter le taux de criminalité. Fascinant.

O'Bryan, Pat et Joe Vitale. *The Myth of Passive Income: The Problem and the Solution*. Livre électronique, 2004. Un ouvrage uniquement disponible à l'adresse suivante : www.mythofpassiveincome.com.

O'Bryan, Pat et Joe Vitale. *The Think and Grow Rich Workbook*. Livre électronique gratuit basé sur le classique de Napoleon Hill, 2004. On peut le télécharger à l'adresse suivante : www.InstantChange.com.

Pauley, Tom. *I'm Rich Beyond My Wildest Dreams, I Am, I Am, I Am*. New York : Rich Dreams, 1999. Un raccourci simple et inspirant pour adresser vos requêtes à l'univers.

Ponder, Catherine. *Les Lois dynamiques de la prospérité*. Brossard, Québec : Éditions Un monde différent, 1993 et aussi sous format de cassettes audio (en deux parties), 1994. Un classique. Lisez tous les ouvrages de cette auteure.

Proctor, Bob. *Potentiel illimité*. Brossard, Québec, 1987 (soldé). Un livre incroyable sur la façon d'optimiser notre potentiel. Également offert en anglais sous forme de cours autodidactique. Consultez le site suivant : www.bobproctor.com.

Ritt, Michael et Kirk Landers. *A Lifetime of Riches: The Biography of Napoleon Hill*. New York : Dutton, 1995. Inspirant.

Roazzi, Vincent. *Spirituality of Success: Getting Rich With Integrity*. Dallas, TX : Namaste, 2001.

Rutherford, Darel. *So, Why Aren't You Rich?* Albuquerque, NM : Dar, 1998. Si vous voulez lire un ouvrage étonnant, trouvez un exemplaire de ce livre explosif qui secoue l'ego. C'est en quelque sorte la suite non autorisée du célèbre ouvrage de Napoleon Hill, *Réfléchissez et devenez riche*.

Ryce, Michael. *Why Is This Happening to Me – Again?* Theodosia, MO : Ryce, 1996. Impitoyable et merveilleux. Un livre puissant qui nous aide à explorer les événements récurrents de notre vie. Une lecture qui s'impose.

Scheinfeld, Robert. *The 11th Element : The Key to Unlocking Your Master Blueprint for Wealth and Success.* Hoboken, NJ : Wiley, 2004. Révèle comment notre « PDG intérieur » peut favoriser ou freiner notre progression vers la richesse.

Staples, Walter Doyle. *Pensez en gagnant !* Brossard, Québec : Éditions Un monde différent, 1991. Édité aussi sous format de cassette audio. Extraordinaire.

Truman, Karol. *Feelings Buried Alive Never Die…* Olymbus, UT : 1991. Révèle un puissant processus en une étape pour déterminer les problèmes fondamentaux dans votre vie de manière à ce que vous puissiez vous en libérer et attirer tout ce que vous voulez.

Tuttle, Carol. *Remembering Wholeness.* Salt Lake City, UT : Elton-Wolf Publishing, 2003. Enseigne une nouvelle façon de se libérer l'esprit.

Vitale, Joe. *Adventures Within : Confessions of an Inner World Journalist.* Indianapolis, IN : Author House, 2003. Épisodes de ma vie, parfois choquants, au cours desquels j'ai rencontré des gourous et des guérisseurs.

Vitale, Joe. *The Greatest Money-Making Secret In History !* Indianapolis, IN : Author House, 2003. Ce best-seller révèle un secret bien gardé afin d'accroître sa richesse.

Vitale, Joe. *The Hypnotic Library.* Dallas, TX : Nitro Marketing, 2003. Une imposante collection de livres électroniques traitant de l'écriture hypnotique et du marketing hypnotique. Voir www.HypnoticLibrary. com.

Vitale, Joe. *The Seven Lost Secrets of Success*. Austin, TX : Hypnotic Marketing, 1992. Ouvrage qui en est à sa onzième édition et qui change toujours le monde, une personne à la fois.

Wilde, Stuart. *The Trick to Money Is Having Some*. Carlsbad, CA : Hay House, 1995.

Wright, Kurt. *Breaking the Rules*. Boise, ID : CPM, 1998.

CASSETTES AUDIO

Anthony, Robert. *Beyond Positive Thinking*. Hypnotic Marketing, 2004. Programme audio (narré par Joe Vitale). Ceci pourrait être le meilleur programme d'auto-amélioration de tous les temps. Comprend sept heures de sagesse. Écoutez-en un extrait à l'adresse suivante : www.BeyondPositiveThinking.com.

Attract Wealth Automatically. Instant Change, 2004. Un programme audio révélateur avec une musique originale de Pat O'Bryan et contenant des stimuli subliminaux tirés de l'ouvrage du même titre. Voir : www.InstantChange.com.

The Holosync Solution. Centerpointe, 1997. Une série de cassettes audio efficaces pour stimuler l'esprit et l'auto-maîtrise. Voir : www.Centerpointe.com.

Think and Grow Rich Automatically. Instant Change, 2004. Un magnifique programme audio avec une musique originale de Pat O'Bryan et contenant des stimuli subliminaux tirés du classique de Napoleon Hill. Voir : www.InstantChange.com.

Vitale, Joe. *The Power of Outrageous Marketing!* Un programme audio, avec cahier d'exercices. Nightingale-Conant, 1998. Vous enseigne les dix secrets de la notoriété, de la fortune et de l'immortalité. Composez le 1-800-525-9000 ou consultez www.nightingale.com.

LOGICIELS

Abundance Activator. Un outil simple pour se débarrasser de ses blocages et attirer la richesse (ou tout ce que l'on désire). www.dreamsalive.com/abundance.htm.

The Journey to Wild Divine. La première d'une série d'aventures intérieures qui combinent la science de la biorétroaction et une expérience multimédia merveilleuse, féerique et divertissante. Voir : www.wilddivine.com.

Vitale, Joe et Calvin Chipman. *Intention Creator*. Ce logiciel a été conçu pour vous aider à formuler vos intentions, et à les concrétiser. Gratuit à l'adresse suivante : www.intentioncreator.com.

COURS AUTODIDACTIQUES

Gage Randy. *The Midas Touch*. Un cours de reprogrammation à la prospérité d'une durée de trente jours. Voir : www.MyProsperitySecrets.com.

O'Bryan, Pat et Joe Vitale. *Meditate for Success*. Contient un cahier d'exercices et plusieurs programmes audio conçus pour une expérience de trente jours. Voir : www.instantchange.com.

Proctor, Bob. *The Science of Getting Rich*. Un cours (livre, cahier d'exercices et huit cassettes) basé sur l'ouvrage de Wallace Wattles datant de 1903. Traite de l'utilisation de l'esprit pour une plus grande prospérité. Voir : www.bobproctor.com.

Scheinfeld, Bob. *The Invisible Path to Success*. Obtenez une introduction gratuite à cette méthode (en anglais) à l'adresse suivante : www.buildbiztips.com/t.cgi/105588.

Vitale, Joe. *Spiritual Marketing: How to Earn $1,000,000 or More This Year Alone*. Cours autodidactique conçu par

Joe Vitale et un groupe de millionnaires. Voir :
www.mrfire.com.

SITES WEB

www.AttractorFactor.com

www.MyProsperitySecrets.com

www.emofree.com

www.BobProctor.com

www.InstantChange.com

www.IntentionCreator.com

www.BeyondPositiveThinking.com

www.richbits.com

www.OptionMethod.com

www.TUT.com

www.Centerpointe.com

www.totalsuccess4u.com

www.dreamsalive.com

www.WeatlthBeyondReason.com

www.HypnoticLibrary.com

www.MrFire.com

www.jyotish-yagya.com

www.yagna.by-choice.com

www.yajna.com

www.caroltuttle.com

www.Abraham-Hicks.com

www.prosperitynetwork.com

www.IntentionalMeditationFoundation.com

GUÉRISSEURS, MENTORS ET CONSEILLERS

Ann Harcus   miracles22@aol.com
Bill Ferguson   bill@billferguson.com
Kathy Bolden   kjbolden@earthlink.net
Mandy Evans   mandy@mandyevans.com
Dr Roopa Chari   info@charicenter.com
Karol Truman   Karol@healingfeelings.com
Craig Perrine   craig@easymiracles.com
Carol Tuttle   carol@caroltuttle.com
John Burton   jkburton@charter.net

À propos de l'auteur

Joe Vitale, président de Hypnotic Marketing, Inc., une société de cybermarketing établie au Texas, a écrit trop de livres pour que nous en dressions ici une liste exhaustive. Il est l'auteur de l'ouvrage intitulé *The Greatest Money-Making Secret in History!*, du livre électronique intitulé *Hypnotic Writing*, et de *The Power of Outrageous Marketing*, un programme sur cassettes audio publié par Nightingale-Conant, ainsi que d'innombrables autres ouvrages.

Il a écrit pour le compte de l'American Marketing Association et l'American Management Association dont, entre autres, *The AMA Complete Guide to Small Business Advertising* et *There's A Customer Born Every Minute*. Son livre le plus récent, écrit en collaboration avec Jo Han Mok, s'intitule *The E-Code : 47 Secrets for Making Money Online Almost Instantly*.

Il a également conçu des logiciels, tels que *Hypnotic Writing Wizard* et *Intention Creator*. Il a récemment créé un cours autodidactique intitulé *Spiritual Marketing : How to Earn $1,000,000 or More This Year Alone*.

Joe Vitale vie actuellement dans le Pays des collines à l'extérieur d'Austin, au Texas, avec ses animaux familiers et son amour, Nerissa.

Pour consulter un catalogue en ligne de ses livres et cassettes, pour lire gratuitement des dizaines de ses articles, ou pour vous abonner à son populaire bulletin d'information électronique (en anglais), visitez son site Web à l'adresse suivante : http://www.MrFire.com.

« Bene agendo nunquam defessus. (Ne nous lassons pas de faire le bien). »

CHEZ LE MÊME ÉDITEUR

Liste des livres :

52 façons de développer son estime personnelle et sa confiance en soi, *Catherine E. Rollins*

52 façons simples de dire « Je t'aime » à votre enfant, *Jan Lynette Dargatz*

1001 maximes de motivation, *Sang H. Kim*

Abracadabra, comment se transformer en un bon gestionnaire et un grand leader, *Diane Desaulniers*

Accomplissez des miracles, *Napoleon Hill*

Agenda du Succès *(formats courant et de poche), éditions Un monde différent*

Aidez les gens à devenir meilleurs, *Alan Loy McGinnis*

À la recherche de soi et de l'autre, *Marilou Brousseau*

À la recherche d'un équilibre : une stratégie anti-stress, *Lise Langevin Hogue*

Amazon.com, *Robert Spector*

Amour de soi : Une richesse à redécouvrir (L'), *Marc Gervais*

Ange de l'espoir (L'), *Og Mandino*

Anticipation créatrice (L'), *Anne C. Guillemette*

À propos de…, *Manuel Hurtubise*

Apprivoiser ses peurs, *Agathe Bernier*

Art de réussir (L'), *collectif de conférenciers*

Ascension de l'âme, mon expérience de l'éveil spirituel (L'), *Marc Fisher*

Athlète de la Vie, *Thierry Schneider*

Attitude 101, *John C. Maxwell*

Attitude d'un gagnant, *Denis Waitley*

Attitude gagnante : la clef de votre réussite personnelle (Une), *John C. Maxwell*

Attitudes pour être heureux, *Robert H. Schuller*

Avant de quitter votre emploi, *Robert T. Kiyosaki et Sharon L. Lechter*

Bien vivre sa retraite, *Jean-Luc Falardeau et Denise Badeau*

Bonheur et autres mystères, suivi de La Naissance du Millionnaire (Le), *Marc Fisher*

Bonheur s'offre à vous : Cultivez-le ! (Le), *Masami Saionji*

Cancer des ovaires (Le), *Diane Sims*

Ces forces en soi, *Barbara Berger*

Chaman au bureau (Un), *Richard Whiteley*

Changez de cap, c'est l'heure du commerce électronique, *Janusz Szajna*

Chanteur de l'eau (Le), *Marilou Brousseau*

Chemin de la vraie fortune (Le), *Guy Finley*

Chemins de la liberté (Les), *Hervé Blondon*

Chemins du cœur (Les), *Hervé Blondon*

Choix (Le), *Og Mandino*

Cinquième Saison (La), *Marc André Morel*

Cœur à Cœur, l'audace de Vivre Grand, *Thierry Schneider*

Cœur plein d'espoir (Le), *Rich DeVos*

Comment réussir l'empowerment dans votre organisation ? *John P. Carlos, Alan Randolph et Ken Blanchard*

Comment se fixer des buts et les atteindre, *Jack E. Addington*

Communiquer : Un art qui s'apprend, *Lise Langevin Hogue*

Communiquer en public : Un défi passionnant, *Patrick Leroux*

Contes du cœur et de la raison (Les), *Patrice Nadeau*

Coupables… de réussir, *collectif de conférenciers et de formateurs*

Créé pour vivre, *Colin Turner*

Créez votre propre joie intérieure, *Renee Hatfield*

Cupidon à Wall Street, *Pierre-Luc Poulin*

Dauphin, l'histoire d'un rêveur (Le), *Sergio Bambaren*

Débordez d'énergie au travail et à la maison, *Nicole Fecteau-Demers*

Découverte par le Rêve (La), *Nicole Gratton*

Découvrez le diamant brut en vous, *Barry J. Farber*

Découvrez votre destinée, *Robin S. Sharma*

Découvrez votre mission personnelle, *Nicole Gratton*

De la part d'un ami, *Anthony Robbins*

Dépassement total, *Zig Ziglar*

Destin : Sérénité, *Claude Norman Forest*

Développez habilement vos relations humaines, *Leslie T. Giblin*

Développez votre leadership, *John C. Maxwell*

Devenez la personne que vous rêvez d'être, *Robert H. Schuller*

Devenez influent, neuf lois pour vous mettre en valeur, *Tony Zeiss*

Devenez une personne d'influence, *John C. Maxwell et Jim Dornan*

Devenir maître motivateur, *Mark Victor Hansen et Joe Batten*

Dites oui à votre potentiel, *Skip Ross*

Dix commandements pour une vie meilleure, *Og Mandino*

Dix secrets du succès et de la paix intérieure (Les), *Wayne W. Dyer*

De docteur à docteur, *Neil Solomon*

Don (Le), *Richard Monette*

École des affaires (L'), *Robert T. Kiyosaki et Sharon L. Lechter*

En route vers le succès, *Rosaire Desrosby*

Envol du fabuleux voyage (L'), *Louis A. Tartaglia*

Vous inc., découvrez le P.-D. G. en vous, *Burke Hedges*

Voyage au cœur de soi, *Marie-Lou et Claude*

Liste des cassettes audio:

Après la pluie, le beau temps!, *Robert H. Schuller*

Arrêtez d'avoir peur et croyez au succès!, *Jean-Guy Leboeuf*

Assurez-vous de gagner, *Denis Waitley*

Atteindre votre plein potentiel, *Norman Vincent Peale*

Attitude d'un gagnant, *Denis Waitley*

Comment attirer l'argent, *Joseph Murphy*

Comment contrôler votre temps et votre vie, *Alan Lakein*

Comment se fixer des buts et les atteindre, *Jack E. Addington*

Communiquer: Un art qui s'apprend, *Lise Langevin Hogue*

Créez l'abondance, *Deepak Chopra*

De l'échec au succès, *Frank Bettger*

Dites oui à votre potentiel, *Skip Ross*

Dix commandements pour une vie meilleure, *Og Mandino*

Fortune à votre portée (La), *Russell H. Conwell*

Homme est le reflet de ses pensées (L'), *James Allen*

Intelligence émotionnelle (L'), *Daniel Goleman*

Je vous défie! *William H. Danforth*

Lâchez prise! *Guy Finley*

Lois dynamiques de la prospérité (Les), (2 parties) *Catherine Ponder*

Magie de croire (La), *Claude M. Bristol*

Magie de penser succès (La), *David J. Schwartz*

Magie de voir grand (La), *David J. Schwartz*

Maigrir par autosuggestion, *Brigitte Thériault*

Mémorandum de Dieu (Le), *Og Mandino*

Menez la parade! *John Haggai*

Pensez en gagnant! *Walter Doyle Staples*

Performance maximum, *Zig Ziglar*

Plus grand vendeur du monde (Le), (2 parties) *Og Mandino*

Pouvoir de l'optimisme (Le), *Alan Loy McGinnis*

Psychocybernétique (La), *Maxwell Maltz*

Puissance de votre subconscient (La), (2 parties) *Joseph Murphy*

Réfléchissez et devenez riche, *Napoleon Hill*

Rendez-vous au sommet, *Zig Ziglar*

Réussir grâce à la confiance en soi, *Beverly Nadler*

Secret de la vie plus facile (Le), *Brigitte Thériault*

Secrets pour conclure la vente (Les), *Zig Ziglar*

Se guérir soi-même, *Brigitte Thériault*

Sept Lois spirituelles du succès (Les), *Deepak Chopra*

Votre plus grand pouvoir, *J. Martin Kohe*

Liste des disques compacts:

Conversations avec Dieu, *Neale Donald Walsch*

Créez l'abondance, *Deepak Chopra*

Dix commandements pour une vie meilleure, (disque compact double) *Og Mandino*

Lâchez prise! (disque compact double) *Guy Finley*

Mémorandum de Dieu (Le), (deux versions: Roland Chenail et Pierre Chagnon), *Og Mandino*

Père riche, père pauvre, (disque compact double) *Robert T. Kiyosaki et Sharon L. Lechter*

Quatre accords toltèques (Les) (disque compact double), *Don Miguel Ruiz*

Sept lois spirituelles du succès (Les) (disque compact double), *Deepak Chopra*

En vente chez votre libraire ou à la maison d'édition
Prix sujets à changement sans préavis

Si vous désirez obtenir le catalogue de nos parutions,
il vous suffit de nous écrire à l'adresse suivante:

Les éditions Un monde différent ltée
C.P. 51546
Succursale Galeries Taschereau
Greenfield Park (Québec), Canada J4V 3N8
ou de composer le (450) 656-2660 ou
le téléc. (450) 445-9098

Site Internet: http://www.unmondedifferent.com
Courriel: info@umd.ca